고려대
한국어

고려대학교 한국어센터 편

4B

KU PRESS
고려대학교출판문화원

고려대학교 한국어센터는 1986년 설립된 이래 한국어와 한국 문화를 재미있게 배우고 효과적으로 가르치는 방법을 연구해 왔습니다. 《고려대 한국어》와 《고려대 재미있는 한국어》는 한국어센터에서 내놓는 세 번째 교재로 그동안 쌓아 온 연구 및 교수 학습의 성과를 바탕으로 하고 있습니다.

이 책의 가장 큰 특징은 한국어를 처음 접하는 학습자도 쉽게 배워서 바로 사용할 수 있도록 구성했다는 점입니다. 한국어 환경에서 자주 쓰이는 항목을 최우선하여 선정하고 이 항목을 학습자가 교실 밖에서 사용할 수 있도록 연습 기회를 충분히 그리고 다양하게 제공하고 있습니다.

이 책을 내기까지 많은 분들의 도움을 받았습니다. 먼저 지금까지 고려대학교 한국어센터에서 한국어를 공부한 학습자들께 감사드립니다. 쉽고 재미있는 한국어 교수 학습에 대한 학습자들의 다양한 요구가 없었다면 이 책은 나오지 못했을 것입니다. 그리고 한국어 학습자들의 요구에 부응하기 위해 열정적으로 교육과 연구에 헌신하고 계신 고려대학교 한국어센터의 선생님들께도 감사드립니다.

무엇보다 한국어 학습자와 한국어 교원의 요구 그리고 한국어 교수 학습 환경을 종합적으로 고려한 최상의 한국어 교재를 위해 밤낮으로 고민하고 집필에 매진하신 저자분들께 깊은 감사를 드립니다. 이 밖에도 이 책이 보다 멋진 모습을 갖출 수 있도록 도와주신 고려대학교 출판문화원의 김상용 원장님과 직원 여러분께도 감사드립니다. 그리고 집필진과 출판문화원의 요구를 수용하여 이 교재에 맵시를 입히고 멋을 더해 주신 랭기지플러스의 편집 및 디자인 전문가, 삽화가의 노고에도 깊은 경의를 표합니다.

부디 이 책이 쉽고 재미있게 한국어를 배우고자 하는 한국어 학습자와 효과적으로 한국어를 가르치고자 하는 한국어 교원 모두에게 도움이 되기를 바랍니다. 또한 앞으로 한국어 교육의 내용과 방향을 선도하는 역할도 아울러 할 수 있게 되기를 희망합니다.

2021년 5월

국제어학원장 김 정 숙

이 책의 특징

《고려대 한국어》와 《고려대 재미있는 한국어》는 '형태를 고려한 과제 중심 접근 방법'에 따라 개발된 교재입니다. 《고려대 한국어》는 언어 항목, 언어 기능, 문화 등이 통합된 교재이고, 《고려대 재미있는 한국어》는 말하기, 듣기, 읽기, 쓰기로 분리된 기능 교재입니다.

《고려대 한국어》 4A와 4B가 100시간 분량, 《고려대 재미있는 한국어》 말하기, 듣기, 읽기, 쓰기가 100시간 분량의 교육 내용을 담고 있습니다. 200시간의 정규 교육 과정에서는 여섯 권의 책을 모두 사용하고, 100시간 정도의 단기 교육 과정이나 해외 대학 등의 한국어 강의에서는 강의의 목적이나 학습자의 요구에 맞는 교재를 선택하여 사용할 수 있습니다.

《고려대 한국어》의 특징

▶ **한국어 사용 환경에 놓이지 않은 학습자도 쉽게 배울 수 있습니다.**
  - 한국어 표준 교육 과정에 맞춰 성취 수준을 낮췄습니다. 핵심 표현을 정확하고 유창하게 사용하는 것이 목표입니다.
  - 말하기, 듣기, 읽기, 쓰기 과제의 범위를 제한하여 과도한 입력의 부담 없이 주제와 의사소통 기능에 충실할 수 있습니다.
  - 알기 쉽게 제시하고 충분히 연습하는 단계를 마련하여 학습한 내용의 이해에 그치지 않고 바로 사용할 수 있습니다.

▶ **학습자의 동기를 이끄는 즐겁고 재미있는 교재입니다.**
  - 한국어 학습자가 가장 많이 접하고 흥미로워하는 주제와 의사소통 기능을 다룹니다.
  - 한국어 학습자의 특성과 요구를 반영하여 명확한 제시와 다양한 연습 방법을 마련했습니다.
  - 한국인의 언어생활, 언어 사용 환경의 변화를 발 빠르게 반영했습니다.
  - 친근하고 생동감 있는 삽화와 입체적이고 감각적인 디자인으로 학습의 재미를 더합니다.

▶ **한국어 학습에 최적화된 교수 학습 과정을 구현합니다.**
- 학습자가 자주 접하는 의사소통 과제를 선정했습니다. 과제 수행에 필요한 언어 항목을 학습한 후 과제 활동을 하도록 구성했습니다.
- 언어 항목으로 어휘, 문법과 함께 담화 표현을 새로 추가했습니다. 담화 표현은 고정적이고 정형화된 의사소통 표현을 말합니다. 덩어리로 제시하여 바로 사용하게 했습니다.
- 도입 – 제시·설명 – 형태적 연습 활동 – 유의적 연습 활동의 단계로 절차화했습니다.
- 획일적이고 일관된 방식을 탈피하여 언어 항목의 중요도와 난이도에 맞춰 제시하는 절차와 분량에 차이를 두었습니다.
- 발음과 문화 항목은 특정 단원의 의사소통 과제와 긴밀하게 연결되지는 않으나 해당 등급에서 반드시 다루어야 할 항목을 선정하여 단원 후반부에 배치했습니다.

《고려대 한국어》의 구성

▶ **4A와 4B는 각각 5단원으로 한 단원은 10시간 정도가 소요됩니다.**

▶ **한 단원의 구성은 아래와 같습니다.**

도입	배워요			한 번 더	이제 해 봐요				자기 평가
생각해 봐요 학습 목표	어휘	문법	담화 표현	연습해요	말해요	들어요	읽어요	써요	발음/문화

▶ **교재의 앞부분에는 '이 책의 특징'과 '단원 구성 표'를 배치했고, 교재의 뒷부분에는 '정답'과 '듣기 지문', '어휘 찾아보기', '문법 찾아보기'를 부록으로 넣었습니다.**
- 부록의 어휘는 단원별 어휘 모음과 모든 어휘를 가나다순으로 정렬한 두 가지 방식으로 제시했습니다.
- 부록의 문법은 문법의 의미와 화용적 특징, 형태 정보를 정리했고 문법의 쓰임을 확인할 수 있는 전형적인 예문을 넣었습니다.

▶ **모든 듣기는 MP3 파일 형태로 내려받아 들을 수 있습니다.**

《고려대 한국어 4B》의 목표

취업, 건강 관리, 사건·사고, 도시, 사회 변화 등 친숙한 사회적·추상적 주제에 대해 이해하고 표현할 수 있습니다.
설문 조사 결과 설명하기, 특정 주제에 대해 발표하기 등 사회적 의사소통 기능을 정교하게 수행할 수 있습니다.

이 책의 특징

등장인물이 나오는 장면을 보면서 단원의 주제, 의사소통 기능 등을 확인합니다.

단원의 제목

어휘의 도입

- 목표 어휘가 사용되는 의사소통 상황입니다.

어휘의 제시

- 어휘 목록입니다. 맥락 속에서 어휘를 배웁니다.
- 그림, 어휘 사용 예문을 보며 어휘의 의미와 쓰임을 확인합니다.

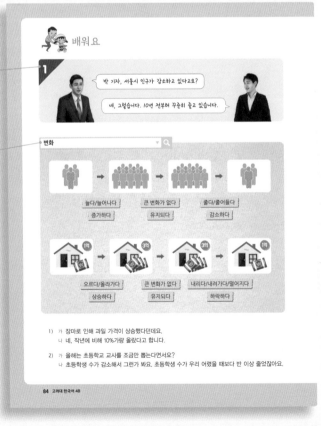

생각해 봐요

• 등장인물이 나누는 간단한 대화를 듣고 단원의 주제 및 의사소통 목표를 생각해 봅니다.

학습 목표

• 단원을 학습한 후에 수행할 수 있는 의사소통 목표입니다.

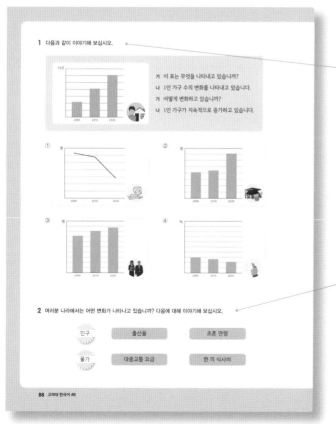

어휘의 연습 1

• 배운 어휘를 사용해 볼 수 있는 말하기 연습입니다.
• 연습의 방식은 그림, 사진, 문장 등으로 다양합니다.

어휘의 연습 2

• 유의미한 의사소통 상황에서 배운 어휘를 사용하는 말하기 연습입니다.

이 책의 특징

문법의 도입

• 목표 문법이 사용되는 의사소통 상황입니다.

문법의 제시

• 목표 문법의 의미와 쓰임을 여러 예문을 통해 확인합니다.

• 목표 문법을 사용하기 위해 알아야 하는 기본 정보입니다.

랭기지 팁

• 알아 두면 유용한 표현입니다.

• 표현이 사용되는 상황과 예문을 보여 줍니다.

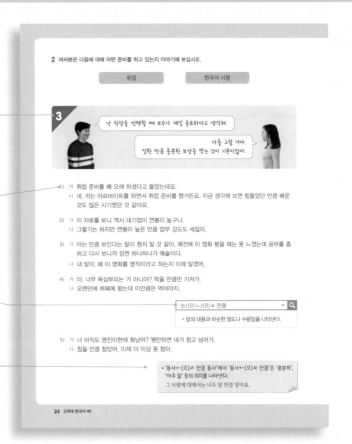

담화 표현의 제시

• 고정적이고 정형화된 의사소통 표현입니다.

담화 표현 연습

• 담화 표현을 덩어리째 익혀 대화하는 말하기 연습입니다.

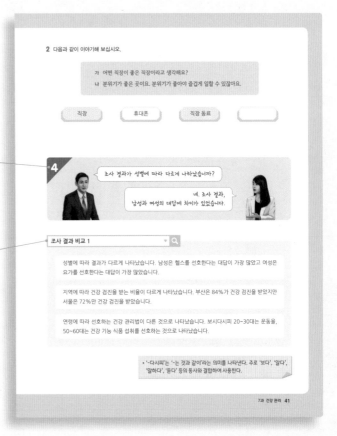

문법의 연습 1

· 배운 문법을 사용해 볼 수 있는 말하기 연습입니다.
· 연습의 방식은 그림, 사진, 문장 등으로 다양합니다.

문법의 연습 2

· 유의미한 의사소통 상황에서 배운 문법을 사용하는 말하기 연습입니다.

대화/담화 듣기

· 의사소통 목표가 되는 자연스럽고 유의미한 대화나 담화를 듣고 대화의 목적, 대화의 내용을 파악합니다.

대화/담화 연습하기

· 연습을 통해 대화나 담화의 구성 방식을 익힙니다.

대화/담화 구성 연습

· 학습자 스스로 대화나 담화를 구성하여 말해 보는 연습입니다.
· 어휘만 교체하는 단순 반복 연습이 되지 않도록 구성했습니다.

이 책의 특징

듣기 활동

- 단원의 주제와 기능이 구현된 의사소통 듣기 활동입니다.
- 중심 내용 파악과 세부 내용 파악 등 목적에 따라 두세 번 반복하여 듣습니다.

읽기 활동

- 단원의 주제와 기능이 구현된 의사소통 읽기 활동입니다.
- 중심 내용 파악과 세부 내용 파악 등 목적에 따라 두세 번 반복하여 읽습니다.

쓰기 활동

- 단원의 주제와 기능이 구현된 의사소통 쓰기 활동입니다.
- 쓰기 전에 써야 할 내용이나 방식에 대해 생각해 본 후 쓰기를 합니다.

이제 해 봐요

들어요

1 다음은 사건·사고 뉴스입니다. 잘 듣고 표를 완성하십시오.

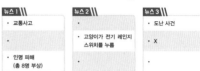

뉴스 1	뉴스 2	뉴스 3
• 교통사고		• 도난 사건
•	• 고양이가 전기 레인지 스위치를 누름	• X
• 인명 피해 (총 8명 부상)	•	•

읽어요

1 다음은 생활 속 안전사고에 대한 기사입니다. 잘 읽고 질문에 답하십시오.

> **KU신문**   20××년 6월 20일
>
> 요즘 길을 가다 보면 스마트폰을 보면서 걸어 다니는 사람들을 자주 보게 된다. 문제는 이런 행동이 사고로 이어질 수도 있다는 것이다. 실제로 서울연구원이 서울 시민 1,000명을 대상으로 조사한 결과 74%가 보행 중 스마트폰을 사용하다가 사람이나 사물, 차량과 충돌한 적이 있거나 충돌할 뻔한 경험이 있는 것으로 나타났다. 스마트폰을 보면서 걸으면 그렇지 않은 보행자에 비해 앞을 보는 시야의 폭이 절반 이하로 줄고 소리에 대한 반응도 느려진다. 따라서 주의해야 하는 돌발 상황을 만났을 때 빨리 대처하지 못하고 사고로 이어질 수 있다.
>
> 스마트폰으로 인한 사고가 늘어나면서 세계 각국도 이를 막기 위한 여러 가지 방안을 내놓고 있다. 스마트폰 보행자를 위한 전용 도로를 설치해서 일반 보행자와 충돌하지 않도록 하거나 공공 도로에서 걷거나 자전거를 타고 가면서 스마트폰을 사용하면 벌금을 내도록 하는 나라도 있다. 한국에서는 횡단보도 양쪽 끝에 가늘고 긴 막대 모양의 LED 등을 설치해 일반 신호등 신호에 맞춰 불빛이 바뀌는 '바닥 신호등'을 설치했다. 시선이 아래로 향해 있는 스마트폰 보행자들이 길을 안전하게 건너도록 하기 위한 것이다. 그 밖에 보행자가 횡단보도에 섰을 때 자동으로 스마트폰이 꺼지게 하는 앱도 개발 중이다. 전문가들은 법이나 기술적인 방법을 통한 사고 예방도 중요하지만 무엇보다 스마트폰 사용자들의 안전에 대한 의식이 바뀌어야 된다고 강조한다.

써요

1 사고를 예방하기 위한 표어를 확인하십시오.

1) 다음을 보고 표어를 만드는 방법을 확인하십시오.

졸음과 운전은 함께 할 수 없습니다

작은 불은 대비부터 큰 불에는 대피 먼저!

2 여러분도 위와 같이 표어를 만드십시오.

1) 어떤 사고에 대한 표어를 만들지 생각해 보십시오.

2) 사고의 원인, 결과 중 어느 부분을 강조할지 생각해 보십시오. 전달하고 싶은 메시지를 한 문장으로 쓰십시오.

_____

_____

3) 의미가 잘 전달되도록 간단하고 명확하게 고쳐서 표어를 완성하십시오.

4) 친구들이 만든 표어를 확인하고 어떤 표어가 인상적인지 이야기하십시오.

1) 기사와 관련이 있는 것을 고르십시오.

①   ②   ③

2) 읽은 내용과 같으면 ○, 다르면 ×에 표시하십시오.

① 한국은 보행 중 스마트폰을 사용하면 벌금을 내야 한다. ○ ×

② 바닥 신호등은 보행자의 안전을 위해 설치한 것이다. ○ ×

③ 서울 시민 10명 중 9명은 스마트폰 사고를 경험한 적이 있다. ○ ×

 말해요

1 사고의 원인과 예방법에 대해 이야기하십시오.

1) 다음 포스터는 어떤 사고에 대한 것인지 이야기하십시오.

A    B

2) 위 사고 중 하나를 선택해서 구체적인 내용을 생각해 보십시오.

● 사고의 원인   ● 사고로 인한 피해   ● 사고를 막을 수 있는 방법

3) 친구들과 이야기하십시오.

말하기 활동

- 단원의 주제와 기능이 구현된 의사소통 말하기 활동입니다.
- 말하기 전에 말할 내용이나 방식에 대해 생각해 본 후 말하기를 합니다.

발음 **ㄴ 첨가**

- 밑줄 친 부분의 발음에 주의하면서 다음을 들어 보십시오.

가 조사 결과 <u>이혼율</u>이 점차 감소하는 것으로 나타났습니다.

받침이 있는 단어 뒤에 '이, 야, 여, 요, 유, 얘'로 시작하는 단어가 올 때는 그 사이에 [ㄴ]을 넣어 발음합니다.

- 다음을 읽어 보십시오.

1) 가 두통약 사야 되는데 이 근처에 약국 있어?
   나 저기 안암역 2번 출구 앞에 하나 있어.

2) 가 여기요, 깻잎 좀 더 주세요.
   나 어! 웬일이야? 네가 깻잎을 다 먹고.

3) 가 거기 무슨 일 있어요?
   나 문이 안 열려서요.

4) 가 휴대폰 요금이 왜 이렇게 많이 나왔지?
   나 휴대폰으로 뭐 결제한 거 아니야?

- 들으면서 확인해 보십시오.

 자기 평가

이번 과 공부는 어땠어요? 별점을 매겨 보세요!

사회가 변화하는 모습과 앞으로의 전망에 대해 이야기할 수 있습니까? ☆☆☆☆☆

발음 활동/문화 활동

- 중급에서 익혀야 할 발음 항목과 한국의 생활 문화를 이해할 수 있는 문화 항목입니다. 항목에 대한 이해를 바탕으로 유의미한 맥락에서 사용해 봅니다.
- 단원마다 발음 또는 문화 항목이 제시됩니다.

자기 평가

- 단원 앞부분에 제시되었던 학습 목표 달성 여부를 학습자 스스로 점검합니다.

단원 구성 표

단원	단원 제목	학습 목표	의사소통 활동
6 과	취업	취업하고 싶은 직종과 직장의 조건에 대해 이야기할 수 있다.	• 이직한 경험에 대한 대화 듣기 • 취업에 관한 설문 조사 기사 읽기 • 도표 설명하기 • 도표 설명하는 글쓰기
7 과	건강 관리	건강한 습관과 건강 관리 방법에 대해 이야기할 수 있다.	• 건강 관리에 대한 기사 읽기 • 건강에 대한 도표 설명하는 글쓰기 • 건강 상식에 대한 방송 듣기 • 건강 상식에 대해 이야기하기
8 과	사건·사고	사건·사고의 원인과 피해 상황을 이야기할 수 있다.	• 사건·사고 뉴스 듣기 • 생활 속 사고에 대한 기사 읽기 • 생활 속 안전사고에 대해 이야기하기 • 사고 예방 표어 쓰기
9 과	도시	정보를 바탕으로 도시를 소개할 수 있다.	• 도시를 소개하는 대화 듣기 • 도시를 소개하는 글 읽기 • 도시를 소개하는 발표하기 • 도시를 소개하는 글쓰기
10 과	사회 변화	사회가 변화하는 모습과 앞으로의 전망에 대해 이야기할 수 있다.	• 사회 변화에 대한 강의 듣기 • 사회 변화에 대한 기사 읽기 • 사회 변화에 대해 이야기하기 • 사회 변화에 대한 글쓰기

어휘 · 문법 · 담화 표현			발음/문화
• 취업 준비 • 직장 선택 기준 • 직종	• -도록 • -는 만큼	• 설문 조사 설명하기 (조사 개요, 조사 결과)	비음화
• 건강한 습관 • 질병 • 신체 증상	• -더니 • -아야 • -다시피	• 설문 조사 설명하기 (조사 결과 비교)	이럴 때는 이런 음식
• 사고 • 사건 • 사건·사고의 결과 • 재난·재해	• -는 바람에 • (으)로 인해 • 만에		경음화
• 도시 기본 정보 • 도시의 특징 • 도시 소개 항목	• (으)로서 • -을 뿐만 아니라 • -아 오다 • -아 가다		한국의 도시
• 변화 • 변화 정도 • 사회 변화 지표 • 단위 명사	• -을수록 • 문어적 격식 표현	• 설문 조사 설명하기 (전망)	ㄴ 첨가

차례

응우옌 티 두엔

나라	베트남
나이	19세
직업	학생 (고려대학교 한국어센터)
취미	드라마

바트 엥흐바야르

나라	몽골
나이	21세
직업	학생 (고려대학교 한국어센터)
취미	운동

줄리 로랑

나라	프랑스
나이	23세
직업	학생 (고려대학교 한국어센터)
취미	인터넷 방송

모리야마 나쓰미

나라	일본
나이	35세
직업	학생/약사
취미	그림

다니엘 클라인

나라	독일
나이	29세
직업	회사원/학생
취미	여행

무함마드 알 감디

나라	이집트
나이	32세
직업	요리사/학생
취미	태권도

김지아

나라	한국
나이	22세
직업	학생
	(고려대학교 경제학과)
취미	영화

서하준

나라	한국
나이	22세
직업	학생
	(고려대학교 국어국문학과)
취미	농구

정세진

나라	한국
나이	33세
직업	한국어 선생님
취미	요가

강용재

나라	한국
나이	31세
직업	회사원
취미	캠핑

6

취업

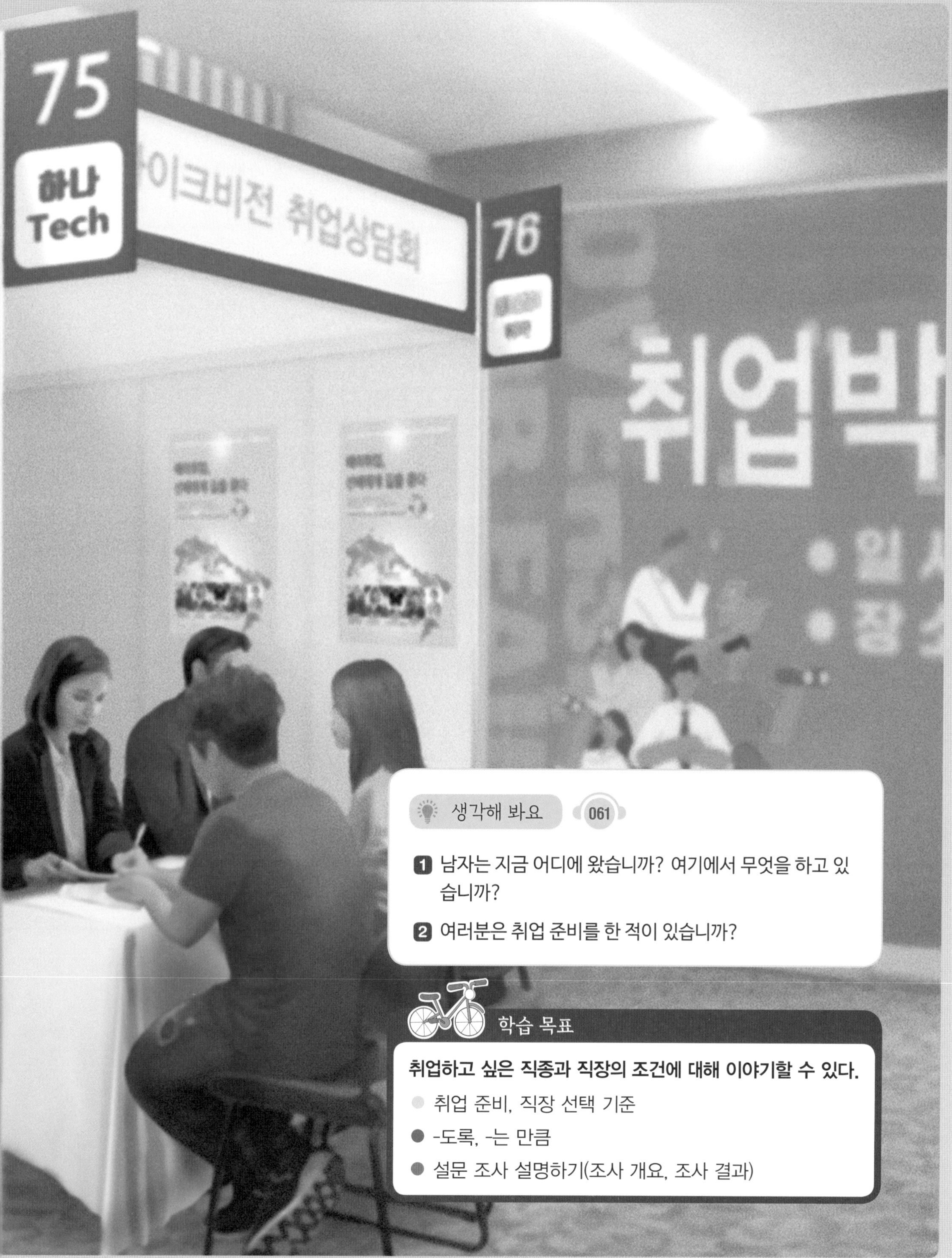

이크비전 취업상담회

76

취업박

생각해 봐요 061

1 남자는 지금 어디에 왔습니까? 여기에서 무엇을 하고 있습니까?

2 여러분은 취업 준비를 한 적이 있습니까?

학습 목표

취업하고 싶은 직종과 직장의 조건에 대해 이야기할 수 있다.

● 취업 준비, 직장 선택 기준

● -도록, -는 만큼

● 설문 조사 설명하기(조사 개요, 조사 결과)

배워요

● 다음을 보고 맞는 직종을 찾아 넣으십시오.

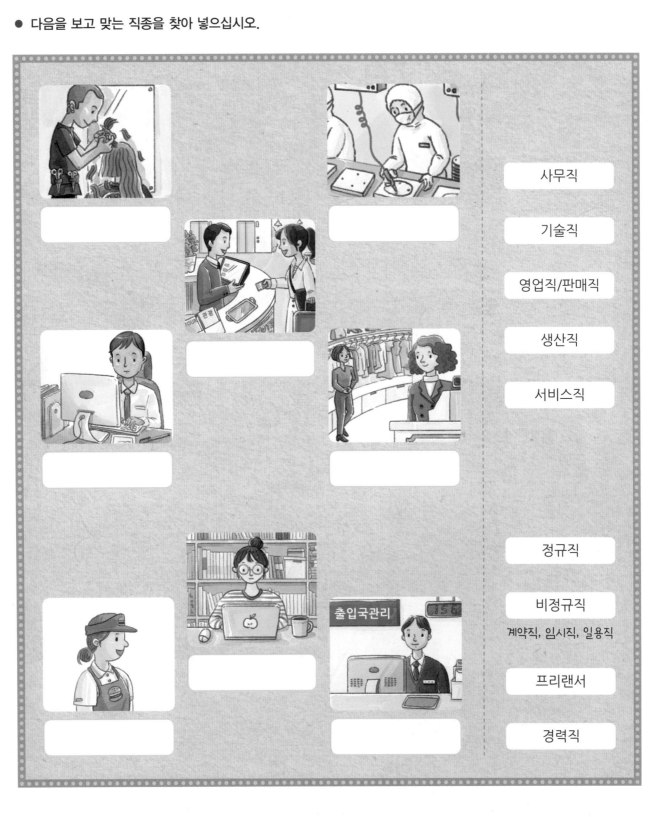

사무직

기술직

영업직/판매직

생산직

서비스직

정규직

비정규직
계약직, 임시직, 일용직

프리랜서

경력직

새로 옮긴 회사는 어때요?

연봉이 높아서 좋기는 한데 업무가 많네요.

취업 준비 ▼ 🔍

스펙을 높이다　　　　학점　　　　어학 성적　　　　대외 활동 경험

자격증을 따다　　　　봉사 활동을 하다　　　　인턴십 과정에 참여하다

직장 선택 기준 ▼ 🔍

보상　　　연봉이 높다　　　　승진이 빠르다　　　　복지 제도가 잘 갖추어져 있다

　　　　　　보수가 많다

업무 환경　　　조직 문화가 수평적이다　　　　근무 시간이 자유롭다

안정성　　　규모가 크다　　　　인지도가 높다　　　　정년이 보장되다
　　　　대기업, 중견 기업, 중소기업

성장 가능성　　　다양한 경험을 쌓을 수 있다　　　　경력 개발에 도움이 되다

1) 가 저는 복지 제도도 잘 갖추어져 있고 정년도 보장되는 곳에 취업했으면 좋겠어요.
　　나 그런 안정적인 곳을 원한다면 공무원을 알아보는 게 좋겠네요.

2) 가 요즘은 규모가 작아도 성장 가능성이 큰 회사를 선호하는 사람들이 많다면서요?
　　나 네. 그래서 무조건 대기업에 취업해야겠다는 생각은 별로 안 하더라고요.

3) 가 스펙이 좋아서 취업하는 데 큰 어려움은 없을 것 같은데, 어떠세요?
　　 나 목표를 높게 잡아서 좀 버거워요. 다음 달에 인턴십 과정에 참여해 보려고 하는데 잘되면 좋겠어요.

1 다음과 같이 이야기해 보십시오.

> 한 회사에 오래 다니고 싶다
>
> 가 저는 한 회사에 오래 다니고 싶어요.
> 나 그럼 정년이 보장되는 곳을 알아봐야겠네요.

① 일을 하면서 나 스스로도 성장했으면 좋겠다

② 아이도 돌보면서 일할 수 있는 곳을 찾고 있다

③ 일을 할 때 내 의견도 편하게 말할 수 있는 곳이 좋다

④ 이름이 알려진 회사에 들어가는 것이 꿈이다

⑤ 지금 다니는 회사는 분위기는 좋은데 월급이 적다

2 여러분은 어떤 직장에서 일하고 싶은지 이야기해 보십시오.

2

우리 부서에서 일을 시작하게 된 것 환영합니다.

감사합니다.
부서에 꼭 필요한 인재가 되도록 최선을 다하겠습니다.

1) 가 사무직 쪽 일을 알아보는 것 아니었어요? 이런 것도 배워야 해요?
　　 나 어떤 게 필요할지 몰라서요. 기회가 왔을 때 바로 잡을 수 있도록 평소에 여러 방면으로 준비
　　　 하고 있어요.

2) 가 이 회사는 사원들의 업무 적응 프로그램이 잘되어 있다고 들었습니다.

나 네, 신입 사원이 조직에 쉽게 적응하도록 상사가 멘토가 되어 도와주는 프로그램이 특히 평가가 좋습니다.

3) 가 업계에서 최고의 자리를 지키고 계신데요. 비결이 있습니까?

나 젊은 감각을 유지하는 게 중요해서요. 최신 트렌드에 뒤처지지 않도록 노력하고 있습니다.

-도록	▼	🔍

• 앞의 내용이 뒤의 내용의 목적이 됨을 나타낸다.

1 다음과 같이 이야기해 보십시오.

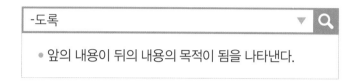

면접 볼 때 실수할까 봐 걱정돼.

가 면접에서 실수하지 않도록 미리 여러 번 연습을 해야겠어.

① 매일 늦잠을 자서 걱정이야.

② 회의가 너무 오래 걸려서 문제인데.

③ 회사에 취미 생활 지원 제도가 있는 것을 모르는 사람이 많네.

④ 내일이 과제 제출 마감인데 다들 잊지 않았겠지?

사내 방송이나 게시판을 통해 알리다

시계 알람을 맞춰 놓다

미리 여러 번 연습을 하다

시간을 정해 놓고 하다

오전에 다시 한번 알려 주다

일정을 연기하다

2 여러분은 다음에 대해 어떤 준비를 하고 있는지 이야기해 보십시오.

취업   한국어 시험

 **3**

> 난 직장을 선택할 때 보수가 제일 중요하다고 생각해.

> 다들 그럴 거야.
> 일한 만큼 충분한 보상을 받는 것이 기본이잖아.

1) 가 취업 준비를 꽤 오래 하셨다고 들었는데요.
   나 네, 저는 아르바이트를 하면서 취업 준비를 했거든요. 지금 생각해 보면 힘들었던 만큼 배운
   것도 많은 시기였던 것 같아요.

2) 가 이 자료를 보니 역시 대기업이 연봉이 높구나.
   나 그렇기는 하지만 연봉이 높은 만큼 업무 강도도 세잖아.

3) 가 아는 만큼 보인다는 말이 뭔지 알 것 같아. 예전에 이 영화 봤을 때는 못 느꼈는데 공부를 좀
   하고 다시 보니까 장면 하나하나가 예술이다.
   나 내 말이. 왜 이 영화를 명작이라고 하는지 이제 알겠어.

4) 가 야, 너무 욕심부리는 거 아니야? 먹을 만큼만 가져가.
   나 오랜만에 뷔페에 왔는데 이만큼은 먹어야지.

-는/(으)ㄴ/(으)ㄹ 만큼 ▼	🔍

 • 앞의 내용과 비슷한 정도나 수량임을 나타낸다.

5) 가 너 아직도 영진이한테 화났어? 웬만하면 네가 참고 넘어가.
   나 참을 만큼 참았어. 이제 더 이상 못 참아.

 • '동사+-(으)ㄹ 만큼 동사'에서 '동사+-(으)ㄹ 만큼'은 '충분히',
 '아주 잘' 등의 의미를 나타낸다.
 그 사람에 대해서는 나도 알 만큼 알아요.

1 다음과 같이 이야기해 보십시오.

> 가 저 회사는 지원자가 얼마나 많아요?
> 나 인지도가 높은 만큼 지원자도 많아요.

① 저 회사는 지원자가 많다
- 규모가 크다
- 사회적 평가가 좋다
- 성장 가능성이 많다

② 이번에 보너스를 받았다
- 상품이 팔렸다
- 지난번에 받았다
- 새 차를 살 수 있을 것이다

③ 돈을 벌고 싶다
- 세계 최고의 부자
- 열심히 노력하다
- 평생 일을 안 해도 될 것이다

2 다음에 대해 어떻게 생각하는지 이야기해 보십시오.

> 한국어를 얼마나 잘하고 싶습니까?

> 어떤 직장에 들어가고 싶습니까?

4

> 고용노동부가 취업 준비생 1,000명을 대상으로 직장을 선택하는 기준이 무엇인지에 대해 조사했습니다.

직장을 선택하는 기준이 무엇인가?
- 조사 기관: 고용노동부
- 조사 대상: 취업 준비생 1,000명

조사 개요

좋아하는 한국 음식이 무엇입니까?
- 조사 기관: 관광공사
- 조사 대상: 외국인 500명

관광공사가 외국인 500명을 대상으로 좋아하는 한국 음식이 무엇인지에 대해 조사했습니다.

1 다음을 보고 조사를 소개해 보십시오.

① **희망하는 회사 내 복지는 무엇입니까?**
- 조사 기관: 고용노동부
- 조사 대상: 남녀 직장인 1,000명

② **중소기업에 대해 어떻게 생각하세요?**
- 조사 기관: 직업닷컴
- 조사 대상: 취업 준비생 500명

③ **한국에서 취업하기를 희망합니까?**
- 조사 기관: 통계청
- 조사 대상: 국내 거주 외국인 1,000명

④ **현재 예체능 수업에 만족하고 있는가?**
- 조사 기관: 교육부
- 조사 대상: 전국에 거주하는 고등학생 2,000명

고용노동부에서 취업 준비생 1,000명을 대상으로 직장 선택 기준에 대한 조사를 실시했습니다.

직장 선택 기준
- 조사 기관: 고용노동부
- 조사 대상: 취업 준비생 1,000명

좋아하는 한국 음식
- 조사 기관: 관광공사
- 조사 대상: 외국인 500명

관광공사에서 외국인 500명을 대상으로 좋아하는 한국 음식에 대한 조사를 실시했습니다.

2 다음을 보고 조사를 소개해 보십시오.

① **희망하는 사내 복지**
- 조사 기관: 고용노동부
- 조사 대상: 남녀 직장인 1,000명

② **중소기업에 대한 인식**
- 조사 기관: 직업닷컴
- 조사 대상: 취업 준비생 500명

③
국내 취업 희망 여부
● 조사 기관: 통계청
● 조사 대상: 국내 거주 외국인 1,000명

④
예체능 수업 만족도
● 조사 기관: 교육부
● 조사 대상: 전국에 거주하는 고등학생 2,000명

5

박 기자, 조사 결과가 어떻게 나왔습니까?

네, 조사 결과에 따르면 복지를 가장 중요하게 생각하는 것으로 나타났습니다.

조사 결과 ▽ 🔍

직장 선택 기준

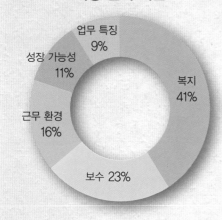

업무 특징 9%
성장 가능성 11%
복지 41%
근무 환경 16%
보수 23%

▶ 조사 결과 에 따르면
복지가 41%, 보수가 23%인 것 으로 나타났다.

▶ 다음으로 근무 환경이 중요하다는 응답이 16% 를 차지했다.

▶ 그리고 성장 가능성, 업무 특징 이 그 뒤를 이었다.

조사 결과에 따르면 취업 준비생들이 직장을 선택할 때 가장 중요하게 생각하는 기준은 '복지'인 것으로 나타났습니다. 다음으로 '보수'라는 응답은 23%로 2위, '근무 환경'이라는 응답은 16%로 3위를 차지했습니다. 그리고 성장 가능성, 업무 특징이 그 뒤를 이었습니다.

1 다음 도표를 설명해 보십시오.

①

②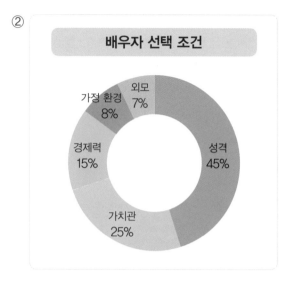

③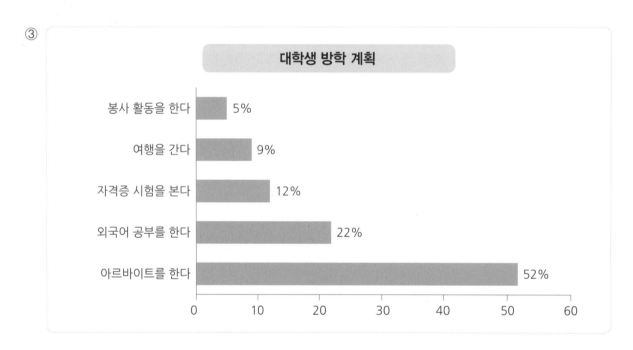

한 번 더 연습해요

1 다음 발표를 들어 보십시오.

1) 무엇에 대한 발표입니까?

2) 조사 결과, 가장 많은 응답은 무엇입니까?

2 다음을 연습해 보십시오.

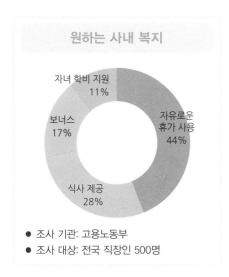

원하는 사내 복지

- 자녀 학비 지원 11%
- 보너스 17%
- 자유로운 휴가 사용 44%
- 식사 제공 28%

● 조사 기관: 고용노동부
● 조사 대상: 전국 직장인 500명

고용노동부에서 전국의 직장인 500명을 대상으로 원하는 사내 복지가 무엇인지에 대한 조사를 실시했습니다. 그 결과에 따르면 자유로운 휴가 사용을 원하는 사람이 가장 많은 것으로 나타났습니다. 다음으로 식사 제공을 원한다는 응답이 28%로 2위를 차지했습니다. 그리고 보너스, 자녀 학비 지원이 그 뒤를 이었습니다.

3 여러분도 발표해 보십시오.

1)

직장인 스트레스 원인

- 많은 회의 12%
- 실적 부담 16%
- 인간 관계 48%
- 업무 부담 24%

● 조사 기관: 워크넷
● 조사 대상: 직장인 남녀 300명

2)

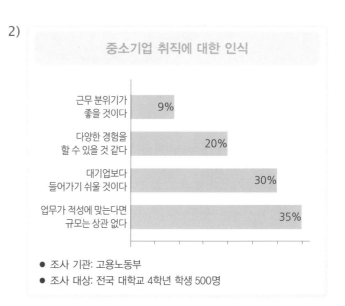

중소기업 취직에 대한 인식

- 근무 분위기가 좋을 것이다 9%
- 다양한 경험을 할 수 있을 것 같다 20%
- 대기업보다 들어가기 쉬울 것이다 30%
- 업무가 적성에 맞는다면 규모는 상관 없다 35%

● 조사 기관: 고용노동부
● 조사 대상: 전국 대학교 4학년 학생 500명

이제 해 봐요

 들어요

1 다음은 회사를 이직한 경험에 대한 대화입니다. 잘 듣고 질문에 답하십시오.

1) 남자가 지금 하는 업무로 맞는 것을 고르십시오.

①

②

③

2) 남자가 회사를 옮길 때 중요하게 생각한 기준은 무엇인지 고르십시오.

① 인지도가 높다　　　　　　② 근무 시간이 자유롭다

③ 업무가 적성에 맞다　　　　④ 복지 제도가 잘되어 있다

 읽어요

1 다음은 취업에 관한 신문 기사입니다. 잘 읽고 질문에 답하십시오.

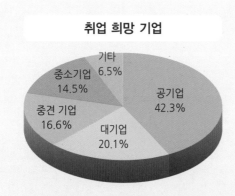

취업 희망 기업

- 기타 6.5%
- 중소기업 14.5%
- 중견 기업 16.6%
- 대기업 20.1%
- 공기업 42.3%

취업 준비생들이 가장 일하고 싶어 하는 곳은 어디일까? 구직자 10명 중 4명은 공기업에서 일하고 싶어 하는 것으로 나타났다.

취업 포털 '코리아잡'에서 전국에 거주하는 취업 준비생 1,000명을 대상으로 취업 희망 기업에 대한 설문 조사를 실시했다. 그 결과에 따르면 공기업에 취업을 하고 싶다고 응답한 사람이 전체의 42.3%로 1위, 대기업에 취업하고 싶다는 응답은 20.1%로 2위를 차지했다. 이어 중견 기업(16.6%), 중소기업(14.5%), 기타(창업, 프리랜서 등) 순이었다. 이를 통해 많은 구직자들이 여전히 안정성과 높은 연봉을 중요하게 생각한다는 것을 알 수 있다.

한편, 중견 기업이나 중소기업에 ㉠취직하기를 희망하는 사람은 전체의 31.1%로 5년 전에 비해 더 늘어났는데 이는 자신이 원하는 조건이 갖춰진 곳이라면 꼭 대기업이 아니라도 상관없다고 생각하는 사람이 늘고 있음을 보여 준다. 현재 정부에서는 중소기업의 발전

을 위한 다양한 정책을 마련하고 있고 청년들의 창업을 돕기 위한 교육, 지원 사업 등도 펼치고 있어서 앞으로도 이런 변화는 지속될 것으로 보인다.

1) 읽은 내용과 같은 것을 고르십시오.

① 공기업에 취업하고자 하는 사람이 창업 희망자보다 많다.

② 대기업에 들어가기를 희망하는 사람이 가장 많다.

③ 중소기업에 취직하려는 사람은 5년 전보다 줄었다.

2) ㉠과 바꾸어 쓸 수 있는 말을 글에서 찾으십시오.

1 도표를 설명하십시오.

말해요

1) 흥미로운 내용을 조사한 도표를 찾으십시오.

2) 찾은 도표에 대해 메모하십시오.

- 조사 주제
- 조사 기관
- 조사 대상
- 조사 내용 및 결과

3) 메모한 내용을 바탕으로 도표를 설명하십시오.

1 도표를 설명하는 글을 쓰십시오.

써요

1) 말하기에서 소개한 내용을 바탕으로 쓰려고 합니다. 어떤 구조로 쓸지 생각해 보십시오.

2) 생각한 내용을 바탕으로 글을 쓰십시오.

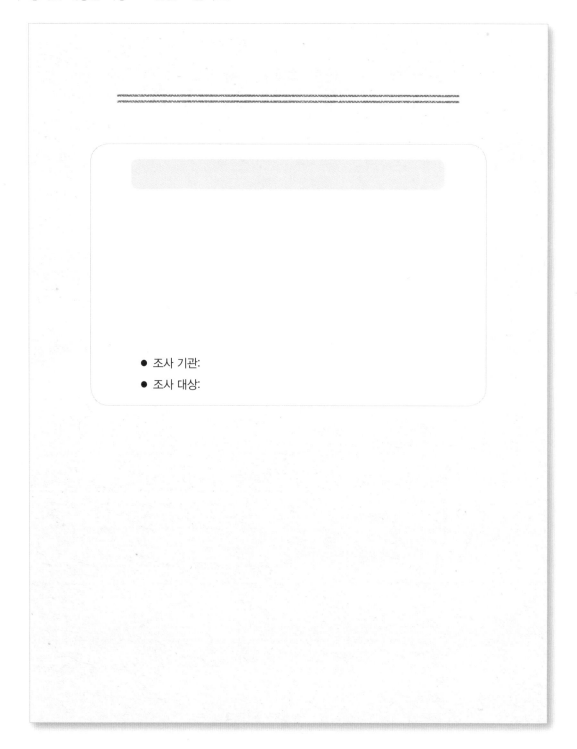

- 조사 기관:
- 조사 대상:

발음   비음화

● 밑줄 친 부분의 발음에 주의하면서 다음을 들어 보십시오.

> 가 경력이 없는데 여기 지원해도 될까?
>
> 나 사람들이 그러는데 거긴 경력보다 학력을 더 중요하게 본다더라.

 'ㄹ'은 'ㄹ' 받침 뒤에서만 [ㄹ]로 발음하고 다른 받침 뒤에서는 [ㄴ]로 발음합니다. 이때 'ㄹ' 앞에 오는 'ㄱ'은 [ㅇ]로, 'ㅂ'은 [ㅁ]로 발음합니다.

● 다음을 읽어 보십시오.

> 1) 가 대학로에 어떻게 가야 돼요?
>
>   나 학교 앞 정류장에서 273번 타시면 돼요.
>
> 2) 가 나 편의점 갈 건데 뭐 사다 줄까?
>
>   나 그럼 컵라면하고 음료수 좀 사다 줄래?
>
> 3) 가 이 서류들은 목록에 쓰여 있는 대로 정리하면 됩니다.
>
>   나 네, 알겠습니다.
>
> 4) 리더에게 가장 필요한 자질은 결단력이라고 생각합니다.

● 들으면서 확인해 보십시오.

자기 평가

이번 과 공부는 어땠어요? 별점을 매겨 보세요!

취업하고 싶은 직종과 직장의 조건에 대해 이야기할 수 있습니까?	☆ ☆ ☆ ☆ ☆

7

건강 관리

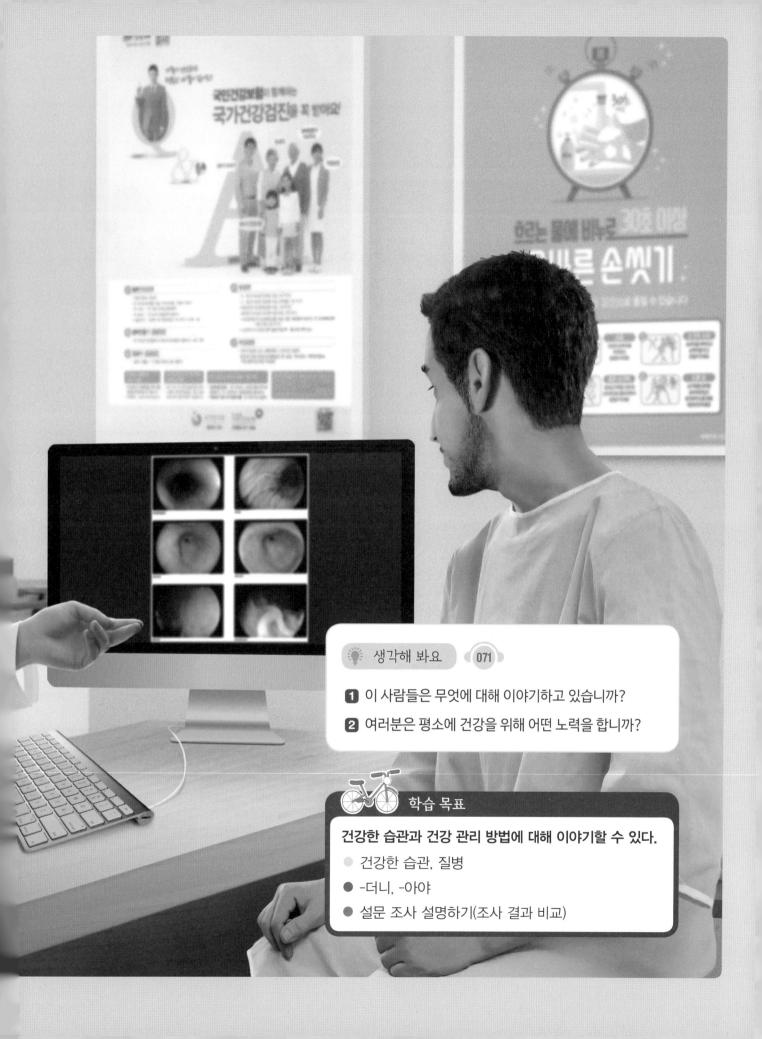

💡 생각해 봐요

1️⃣ 이 사람들은 무엇에 대해 이야기하고 있습니까?

2️⃣ 여러분은 평소에 건강을 위해 어떤 노력을 합니까?

🚲 학습 목표

건강한 습관과 건강 관리 방법에 대해 이야기할 수 있다.

● 건강한 습관, 질병

● -더니, -아야

● 설문 조사 설명하기(조사 결과 비교)

배워요

1

요즘 왜 이렇게 피곤한지 모르겠어요. 주말에 푹 쉬었는데····.

운동을 시작해 보면 어때요? 저도 얼마 전까지
늘 피곤했는데 운동을 했더니 좀 괜찮아지더라고요.

건강한 습관 ▼ 🔍

건강 검진을 받다

스트레스를 풀다 ●━━● 스트레스를 받다

규칙적으로 운동을 하다 ●━━● 운동 부족이다

바른 자세로 *앉다* ●━━● 잘못된 자세로 *앉다*

충분한 수면을 취하다 ●━━● 수면 부족이다

충분한 휴식을 취하다 ●━━● 과로하다

●━━● 식사 시간이 불규칙하다

규칙적으로 식사를 하다

식사를 거르다

폭식을 하다

야식을 먹다

●━━●

과식하다

골고루 먹다 ●━━● 편식하다

●━━● 자극적인 음식을 먹다

몸에 좋은 식품을 먹다

●━━● 인스턴트 음식을 먹다

●━━● 술을 마시다

건강 기능 식품을 챙겨 먹다

●━━● 담배를 피우다

| 위염 | 장염 | 암 | 독감 | 비염 |

| 변비 | 비만 | 불면증 | 우울증 |

1) 가 매일 차만 타고 다니니까 오래 걸을 일이 별로 없어요.
   나 저도요. 요즘 너무 운동 부족인 것 같은데 계단이라도 걸어서 올라가 볼까요?

2) 가 많이 피곤해 보이네. 어제도 잠을 못 잤어?
   나 아무래도 불면증인 것 같아. 취업 때문에 너무 스트레스를 받았나?

3) 가 지윤이가 채소나 과일은 잘 안 먹고 고기만 먹으려고 해서 걱정이에요.
   나 우리 아이도 어렸을 때는 편식했는데 좀 크니까 골고루 먹더라고요.

1 여러분은 건강한 습관을 가지고 있습니까? 가까운 쪽에 ✔표를 하고 여러분의 습관에 대해 이야기해 보십시오.

	그렇다	←	→	아니다
규칙적으로 운동한다				
술을 마시지 않는다				
담배를 피우지 않는다				
수면을 충분히 취한다				
인스턴트 음식을 먹지 않는다				
과식이나 폭식을 하지 않는다				
건강 기능 식품을 챙겨 먹는다				
스트레스를 풀기 위한 나만의 방법이 있다				

2 다음은 현대인들에게 많이 나타나는 질병입니다. 질병에 걸리는 원인과 걸리지 않기 위한 방법에 대해 이야기해 보십시오.

위염   독감   불면증

2

김지아 회원님, 요가를 꾸준히 하시더니 자세가 많이 좋아지셨네요.

네, 이제는 허리도 아프지 않아요.

1) 가 이 대리 어디 갔어요?
   나 잠깐 병원에 갔습니다. 아까 점심을 급하게 먹더니 속이 안 좋은가 봅니다.

2) 가 준하가 이번 공무원 시험에 합격했대.
   나 열심히 공부하더니 해냈구나.

-더니	▼	

   • 앞의 사실이 원인이나 조건이 되어서 뒤의 사실이나 상태가 되었음을 나타낸다.

3) 가 전에는 라면 없이 못 산다고 하더니 웬일로 라면을 끊었어요?
   나 저도 이제 건강에 신경을 쓰기로 했거든요.

4) 가 두통은 좀 괜찮아졌어요?
   나 아까까지만 해도 머리가 그렇게 아프더니 수업이 끝나니까 괜찮네요.

5) 가 아침에는 춥더니 낮이 되니까 덥네.
   나 그러게. 일교차가 너무 심하다.

-더니	▼	

   • 이전에 경험하거나 알았던 사실이나 상황과는 다른 새로운 사실이나 상황이 있음을 나타낸다.

1 다음과 같이 이야기해 보십시오.

> 건강에 신경을 많이 쓰는 것 같다
>> 건강 프로그램을 자주 보다
>> 건강에 관심이 생겼나 보다

가 주영 씨가 건강에 신경을 많이 쓰는 것 같아요.

나 건강 프로그램을 자주 보더니 건강에 관심이
생겼나 보네요.

① 위가 안 좋아서 병원에 갔다
> 맵고 짠 것을 계속 먹다
> 위염이 심해졌나 보다

② 기분이 좋아 보이다
> 휴가를 다녀오다
> 스트레스가 풀렸나 보다

③ 성격이 바뀐 것 같다
> 동아리 활동을 하다
> 활발해졌다

④ 연예 기획사에 취직했다고 하다
> 그렇게 팬클럽 활동을 열심히 하다
> 꿈을 이루었다

2 다음과 같이 이야기해 보십시오.

용재 씨가 전에는 운동을 전혀 안 하더니
요즘은 운동을 열심히 해요.

용재 씨가 운동을 열심히 하더니
건강해졌어요.

①  ②  ③  ④

3 조사 결과를 보니까 요즘은 젊은 사람들도 건강에 관심이 많은 것 같네요.

네, 젊었을 때부터 건강에 신경을 써야 나중에도 건강을 유지할 수 있다고 생각하는 것 같습니다.

1) 가 어떻게 해야 건강한 노년을 보낼 수 있을까요?
   나 조사에 따르면 은퇴 후에도 사람들과 어울려 지내야 건강한 노년을 보낼 수 있다고 합니다.

2) 가 내일 일찍 나가야 한다면서? 드라마 그만 보고 얼른 자. 일찍 자야 일찍 일어나지.
   나 이것만 보고 잘게요.

3) 가 '특별 장학금'은 성적이 좋은 학생이 받는 거예요?
   나 성적도 중요하지만 수업 태도가 좋아야 받을 수 있어요. 수업 태도가 불성실하면 성적이
      좋아도 장학금을 받기 힘들어요.

4) 가 조직 문화를 수평적으로 바꾸기 위해 노력하는 회사가 늘고 있다고 하네요.
   나 그래야 직원들이 자신의 능력을 더 발휘할 수 있잖아요.

-아야/어야/여야 ▼ Q
• 앞의 내용이 뒤의 내용의 필수적인 조건임을 나타낸다.

1 건강을 유지하거나 건강해지기 위해서 해야 하는 일에 대해 다음과 같이 이야기해 보십시오.

건강을 유지하기 위해서 특별히 하고 있는 것이 있어요?

저는 아침을 꼭 챙겨 먹어요.
아침을 먹어야 점심과 저녁에 폭식하지 않게 되거든요.

2 다음과 같이 이야기해 보십시오.

> 가 어떤 직장이 좋은 직장이라고 생각해요?
>
> 나 분위기가 좋은 곳이요. 분위기가 좋아야 즐겁게 일할 수 있잖아요.

직장	휴대폰	직장 동료	

4

조사 결과가 성별에 따라 다르게 나타났습니까?

네. 조사 결과,
남성과 여성의 대답에 차이가 있었습니다.

조사 결과 비교 1   🔍

성별에 따라 결과가 다르게 나타났습니다. 남성은 헬스를 선호한다는 대답이 가장 많았고 여성은 요가를 선호한다는 대답이 가장 많았습니다.

지역에 따라 건강 검진을 받는 비율이 다르게 나타났습니다. 부산은 84%가 건강 검진을 받았지만 서울은 72%만 건강 검진을 받았습니다.

연령에 따라 선호하는 건강 관리법이 다른 것으로 나타났습니다. 보시다시피 20~30대는 운동을, 50~60대는 건강 기능 식품 섭취를 선호하는 것으로 나타났습니다.

> • '-다시피'는 '-는 것과 같이'라는 의미를 나타낸다. 주로 '보다', '알다', '말하다', '듣다' 등의 동사와 결합하여 사용한다.

1 다음과 같이 이야기해 보십시오.

건강 관리	
30대	40대
50%	65%

가 조사 결과가 연령에 따라 달랐습니까?

나 네. 30대는 50%가 건강 관리를 하고
　　 50%가 건강 관리를 하지만
　　 50%가,
　　 40대는 65%가 건강 관리를 하는 것으로 나타났습니다.

① 아침 식사를 거르는 학생

남학생	여학생
19%	25%

② 스트레스 해소 방법

20대	30대
친구들과 놀면서	운동을 하면서

③ 구매 방법

남성	여성
인터넷으로	직접 가서

④ 선호하는 취미

30~40대	50~60대
영화나 드라마	등산

조사 결과 비교 2

남성은 건강을 위한 운동으로 헬스를 가장 선호하는 것으로 나타났습니다. 남성과 달리 여성은 요가를 가장 선호하는 것으로 나타났습니다.

부산은 84%가 건강 검진을 받은 반면 서울은 72%만 건강 검진을 받았습니다.

건강을 위한 운동으로 요가를 선호한다고 대답한 여성이 남성에 비해 두 배 많았습니다.

20~30대는 운동을 선호하는 데 비해 50~60대는 건강 기능 식품 섭취를 선호하는 것으로 나타났습니다.

남성 응답자의 50% 이상이 건강을 위해 운동을 하고 있다고 대답했습니다. 남성과 마찬가지로 여성도 건강을 위해 운동을 하고 있다고 대답한 사람이 절반을 넘었습니다.

1 다음과 같이 이야기해 보십시오.

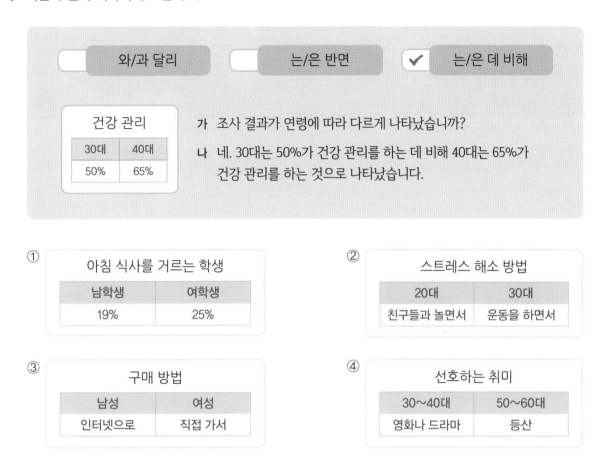

| 와/과 달리 | 는/은 반면 | ✓ 는/은 데 비해 |

건강 관리

30대	40대
50%	65%

가 조사 결과가 연령에 따라 다르게 나타났습니까?

나 네. 30대는 50%가 건강 관리를 하는 데 비해 40대는 65%가 건강 관리를 하는 것으로 나타났습니다.

① **아침 식사를 거르는 학생**

남학생	여학생
19%	25%

② **스트레스 해소 방법**

20대	30대
친구들과 놀면서	운동을 하면서

③ **구매 방법**

남성	여성
인터넷으로	직접 가서

④ **선호하는 취미**

30~40대	50~60대
영화나 드라마	등산

● 몸에 나타나는 다음 증상을 알고 있습니까? 확인해 보십시오.

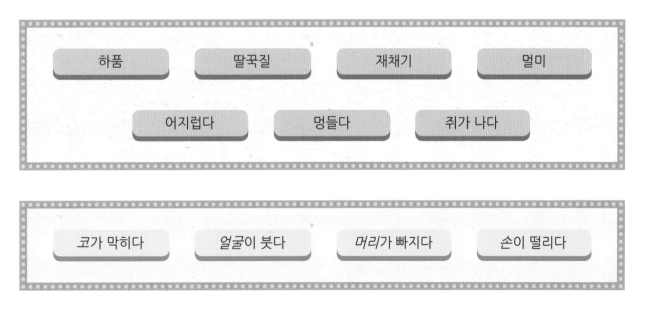

하품　　딸꾹질　　재채기　　멀미

어지럽다　　멍들다　　쥐가 나다

코가 막히다　　얼굴이 붓다　　*머리*가 빠지다　　손이 떨리다

한 번 더 연습해요

1 다음 대화를 들어 보십시오. 🎧072

1) 요즘 남자의 몸 상태는 어떻습니까?

2) 의사는 남자에게 건강 상태에 대해 어떤 이야기를 했습니까?

2 다음 대화를 연습해 보십시오.

허리가 너무 아파서 왔는데요.

혹시 최근에 무리한 운동을 하지는 않으셨어요?

지난주에 등산을 다녀오기는 했어요.

평소에 운동을 안 하다가 *갑자기* 운동을 하면
그럴 수 있습니다.

3 여러분도 이야기해 보십시오.

1)

가	
목과 어깨가 아프다	
과제가 많아서 컴퓨터를 오래 했다	

나
잘못된 자세로 *오래 앉아 있다*

2)

가	
위가 아프고 소화가 안 되다	
최근에 떡볶이를 자주 먹었다	

나
자극적인 음식을 *계속 먹다*

 이제 해 봐요

 1 다음 신문 기사를 읽고 질문에 답하십시오.

읽어요

1) 제목을 보고 기사의 내용을 생각해 보십시오.

성인 대다수 '건강 관리 중요하다' 인식 ··· 실천은 그다지

2) 기사를 읽고 내용과 같은 것을 고르십시오.

KU신문	20××년 5월 21일

성인 10명 중 9명은 '건강 관리가 중요하다'고 생각하고 있지만 실제로 건강 관리를 위해 노력을 하는 사람은 10명 중 6명밖에 되지 않는 것으로 조사됐다. 건강 연구원에서 전국 20~79세 2,000명을 대상으로 건강 관리 인식에 대해 조사한 결과, 응답자 90%가 건강 관리가 중요하다고 생각하는 것으로 나타났다. 그러나 '건강 관리를 하고 있다'는 응답은 ㉠62%에 불과했다. 연령별로 살펴보면 20대는 50.2%가 건강 관리를 하고 있다고 응답했고 30대도 20대와 마찬가지로 절반이 건강 관리에 신경을 쓰고 있다고 응답했다. 40대의 경우, 20~30대보다 많은 65%가 건강 관리를 하고 있다고 답했고 60대는 75%가 건강 관리를 실천하고 있다고 응답했다. 이 결과를 통해 나이가 많아지면 건강을 위해 더 많은 노력을 기울인다는 것을 알 수 있다. 주로 하는 건강 관리 방법으로 20~30대는 '규칙적인 운동'을 선택했다. 40~50대도 20~30대와 마찬가지로 '규칙적인 운동'을 가장 많이 하고 있는 것으로 나타났다. 이와 달리 60대와 70대는 '건강 기능 식품 복용'을 가장 많이 꼽았다.

① 60대가 20~30대보다 건강을 위해 더 많이 노력한다.

② 건강 관리를 하고 있다고 대답한 40대가 20대에 비해 두 배 이상 많다.

③ 건강 관리 방법으로 20대는 운동을 선호하는 반면 40대는 건강 기능 식품을 선호한다.

3) ㉠의 의미가 무엇인지 이야기하십시오.

1 다음 그래프를 보고 조사 결과를 설명하는 글을 쓰십시오.

- 조사 기관: 국민 건강 연구원
- 조사 대상: 10세~19세 청소년 50,000명

1 청소년 수면 시간

초등학교 4학년~6학년	8시간 40분
중학교 1학년~3학년	7시간 20분
고등학교 1학년~3학년	6시간

2 잠이 부족한 이유

친구들과의 채팅 24%
기타 2%
공부 43%
인터넷 이용 31%

1) 조사 기관과 조사 대상을 쓰십시오.

2) **1**번 그래프를 설명하십시오.

3) **2**번 그래프를 설명하십시오.

4) 1)~3)의 내용을 바탕으로 조사 결과를 설명하는 완성된 글을 쓰십시오.

_____

_____

_____

_____

_____

_____

_____

1 다음은 라디오 건강 프로그램의 일부입니다. 잘 듣고 질문에 답하십시오. 🎧073

들어요

1) 우유에 대한 교수의 의견을 쓰십시오.

_____ 우유를 골라서 _____ 마시면 건강에 좋다.

2) 들은 내용과 같으면 ○, 다르면 ✕에 표시하십시오.

① 배탈이 나지 않도록 우유의 특정 성분을 빼기도 한다.   ○ ✕

② 우유는 암을 치료하는 데에 도움이 되는 식품이다.   ○ ✕

1 건강 상식에 대해 이야기하십시오.

1) 다음은 일반적으로 알려진 건강 상식입니다. 맞는지 틀리는지, 그 이유가 무엇인지 생각해 보십시오.

Q 커피는 건강에
나쁘다?

Q 하루 세끼를
챙겨 먹는 것이 좋다?

Q 스마트폰을 오래 보면
눈이 나빠진다?

Q 운동은 아침에
하는 것이 좋다?

Q 과일은 껍질을 벗기고
먹는 것이 좋다?
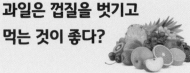

Q 물은 하루에 8잔 이상
마시는 것이 좋다?

2) 친구들과 생각이 같은지 다른지 이야기하십시오.

3) 알고 있는 건강 상식이 더 있다면 이야기하십시오.

문화 이럴 때는 이런 음식

● 한국인은 다음과 같은 상황에서 어떤 음식을 먹는지 알아봅시다.

감기에 걸렸을 때

유자차 · 생강차

유자에는 비타민C가 풍부하고 생강은 몸을 따뜻하게 해 준다.

소화가 안 될 때

매실차

매실은 위를 튼튼하게 하고 소화를 도와준다.

기운이 없을 때

삼계탕 · 낙지전골 · 장어구이

지치고 입맛이 없거나 기운이 없을 때
이 음식을 먹으면 힘이 난다.

술을 많이 마셨을 때

콩나물국 · 북엇국

콩나물과 북어에는 술 깨는 것을 돕는 성분이 들어 있다.

아기를 낳았을 때

미역국

미역은 피를 맑게 하고 뼈를 튼튼하게 해 준다.

● 여러분 나라에도 특별한 때 자주 먹는 음식이 있습니까?

자기 평가

이번 과 공부는 어땠어요? 별점을 매겨 보세요!

건강한 습관과 건강 관리 방법에 대해 이야기할 수 있습니까?	

8

사건·사고

생각해 봐요 081

1 사고가 어쩌다가 일어났습니까?

2 여러분도 이런 사고를 보거나 경험한 적이 있습니까?

학습 목표

사건·사고의 원인과 피해 상황을 이야기할 수 있다.

● 사고, 사건, 사건·사고의 결과

● -는 바람에, (으)로 인해, 만에

배워요

다니엘 씨가 어제 교통사고를 당했다면서?

응. 택시가 다니엘 씨 차를 뒤에서 들이받았대.

사고 ▼ 🔍

차가 사람을 치다 ↔ 사람이 차에 치이다

버스가 택시를 들이받다

버스와 택시가 충돌하다

불이 나다
화재가 발생하다

건물이 무너지다
다리가 붕괴되다

떨어지다
추락하다

가라앉다
침몰하다

사고가 나다   사고를 내다   사고를 당하다

사건 ▼ 🔍

도난

폭행

사기

훔치다 ↔ 도둑맞다
훔쳐 가다

때리다 ↔ 맞다

사기를 치다 ↔ 사기를 당하다

1) 가 연희 씨, 아침에 사고 났다면서요? 괜찮아요?
　　나 네. 저는 괜찮은데 제 차를 친 사람은 많이 다쳤어요.

2) 가 네, 119입니다. 말씀하세요.
　　나 여기 어떤 차가 다리 아래로 추락했어요. 빨리 좀 와 주세요.

3) 가 내 자전거가 어디 갔지? 분명히 여기에 세워 뒀는데 없네.
　　나 누가 훔쳐 갔나 봐. 요즘 도난 사건이 많다던데 경찰에 신고해야 되는 거 아냐?

1 다음과 같이 이야기해 보십시오.

가 네, 119 상황실입니다.
나 여기 터널이 무너졌어요.

①
②
③
④

2

어떻게 하다가 사고가 났대?

앞차가 갑자기 멈추는 바람에 그렇게 됐대.

1) 가 이번 사고의 원인이 밝혀졌습니까?
　 나 네, 옆에 가던 버스가 갑자기 끼어드는 바람에 충돌했다고 합니다.

2) 가 산불이 크게 났다면서요? 어쩌다가 그랬대요?
　 나 어떤 사람이 담뱃불을 안 끄고 그냥 버리는 바람에 불이 났대요.

3) 가 조용히 좀 해 봐. 네가 옆에서 떠드는 바람에 못 들었잖아.
　 나 웃기는 애네. 네가 먼저 어떻게 된 거냐고 물어봤잖아.

-는 바람에 　　　　　　　　　　　　　　　▼	🔍
• 앞의 내용이 뒤에 오는 부정적인 상황의 원인이나 이유가 됨을 나타낸다.	

1 다음과 같이 이야기해 보십시오.

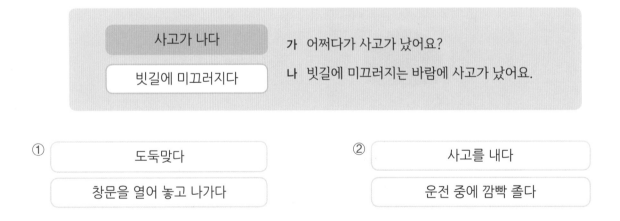

① 도둑맞다
　 창문을 열어 놓고 나가다

② 사고를 내다
　 운전 중에 깜빡 졸다

③
불이 나다

가스 불을 켜 놓고 자다

④
문에 부딪히다

휴대폰을 보느라고 앞을 못 보다

⑤
사기를 당하다

잘 알아보지 않고 계약을 하다

⑥
비행기를 놓치다

늦잠을 자다

2 여러분은 다음을 경험한 적이 있습니까? 그 일이 언제, 어떻게 하다가 일어났는지 이야기해 보십시오.

교통사고   화재   폭행   사기

3

건물 안에 있던 사람들은 다 구조됐대요?

아뇨. 두 명이 실종됐는데 아직 못 찾았대요.

사건·사고 결과 🔍

인명 피해

부상을 입다 / 부상을 당하다

죽다 / 숨지다 / 사망하다

실종되다

대피하다   빠져나오다   구조되다

재산 피해

타다   파손되다   부서지다

불이 꺼지다

진화되다

*범인*이 잡히다

사고 현장이 정리되다

도로가 통제되다   열차 운행이 중단되다

1) 가 정 기자, 그곳 인명 피해가 어느 정도 됩니까?
    나 네, 3명이 숨지고 12명이 큰 부상을 입었습니다.

2) 가 야, 우리집에 도둑 들었다고 했잖아. 경찰서에서 연락이 왔는데 잡혔대.
    나 그래? 잘됐다. 어떻게 잡혔대?

3) 가 화재의 피해가 어느 정도입니까?
    나 인명 피해는 없었지만 약 사천만 원의 재산 피해가 발생했습니다.

1 다음과 같이 이야기해 보십시오.

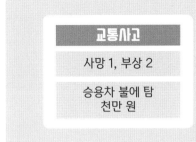

교통사고
사망 1, 부상 2
승용차 불에 탐 천만 원

가 피해가 어느 정도입니까?

나 네, 1명이 사망하고 2명이 부상을 입었습니다.
그리고 승용차가 불에 타서 천만 원의 재산 피해가
발생했습니다.

①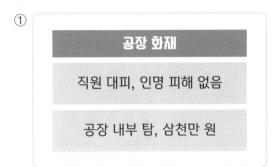

공장 화재
직원 대피, 인명 피해 없음
공장 내부 탐, 삼천만 원

②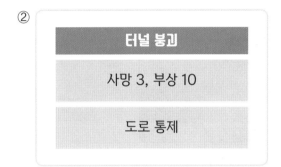

터널 붕괴
사망 3, 부상 10
도로 통제

2 여러분이 알고 있는 사건·사고 중 피해가 컸던 것에 대해 이야기해 보십시오.

4

이번 사고로 인해 열차 운행이 중단된 상태입니다.

그렇군요. 시민들의 불편이 매우 크겠습니다.

1) 가 김 기자, 무단 횡단으로 인한 교통사고 사망자가 여전히 많다고요?
   나 네. 작년 한 해 동안 무단 횡단으로 인해 560여 명이 사망했습니다.

2) 가 두리 홈쇼핑이죠? 주문한 물건이 너무 안 와서 전화드렸어요.
   나 정말 죄송합니다. 갑자기 내린 눈으로 인해 배송이 늦어지고 있습니다.

(으)로 인해(서), (으)로 인한　▼　🔍

- 앞의 내용이 원인임을 나타낸다. 격식적인 상황이나 문어에서 주로 사용한다.

갑작스러운 폭설로 인해 수업이 취소되었다.
폭설로 인한 재산 피해가 어느 정도입니까?

1 다음과 같이 이야기해 보십시오.

음주 운전　　졸음운전　　신호 위반　　운전자 부주의

가　사고의 원인이 졸음운전이라고요?
나　네, 그렇습니다. 졸음운전으로 인한 사망자가 매년 늘고 있습니다.

5

빌라에 난 불은 다 꺼졌습니까?

네, 불이 난 지 15분 만에 완전히 꺼졌습니다.

1) 가 열차가 다시 운행되고 있습니까?
　　나 네, 사고가 발생한 지 한 시간 만에 열차 운행이 다시 시작되었습니다.

2) 가 무너진 건물에서 한 명이 더 발견되었다고요?
　　나 40대 김 모 씨가 사고 발생 36시간 만에 구조되었습니다.

3) 가 두 사람은 사귄 지 얼마 만에 결혼했어요?
　　나 두 달 만에 결혼했어요. 다른 커플에 비해 연애 기간이 짧았죠.

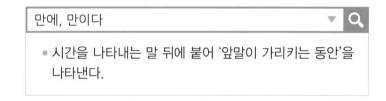

만에, 만이다

• 시간을 나타내는 말 뒤에 붙어 '앞말이 가리키는 동안'을 나타낸다.

1 다음과 같이 이야기해 보십시오.

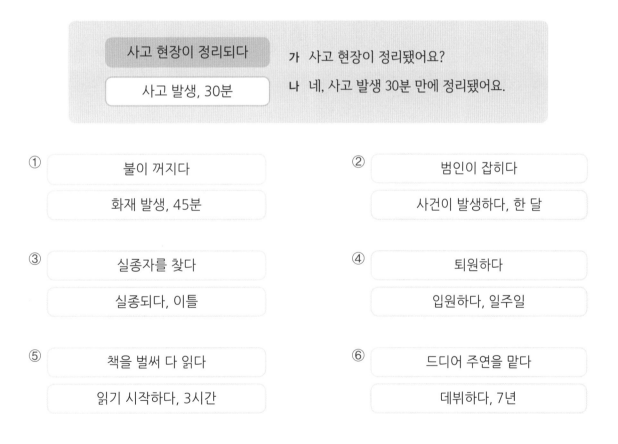

사고 현장이 정리되다

사고 발생, 30분

가 사고 현장이 정리됐어요?

나 네, 사고 발생 30분 만에 정리됐어요.

① 불이 꺼지다
　　화재 발생, 45분

② 범인이 잡히다
　　사건이 발생하다, 한 달

③ 실종자를 찾다
　　실종되다, 이틀

④ 퇴원하다
　　입원하다, 일주일

⑤ 책을 벌써 다 읽다
　　읽기 시작하다, 3시간

⑥ 드디어 주연을 맡다
　　데뷔하다, 7년

2 다음 뉴스의 헤드라인을 보고 내용을 추측해서 이야기해 보십시오.

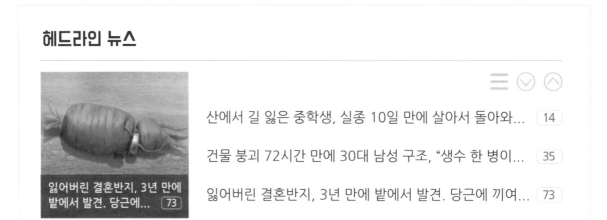

헤드라인 뉴스

산에서 길 잃은 중학생, 실종 10일 만에 살아서 돌아와... 14

건물 붕괴 72시간 만에 30대 남성 구조, "생수 한 병이... 35

잃어버린 결혼반지, 3년 만에 밭에서 발견. 당근에 끼여... 73

● 다음 재난·재해와 관련된 소식을 들은 적이 있습니까? 이야기해 보십시오.

지진　　화산　　홍수　　가뭄

폭우, 호우　　폭설, 대설　　폭염　　혹한, 한파

강풍　　우박　　해일, 쓰나미

전염병

전쟁

한 번 더 연습해요

1 다음 대화를 들어 보십시오. (082)

1) 두 사람은 무엇에 대해 이야기하고 있습니까?

2) 이 사건으로 어떤 피해를 입었습니까?

2 다음 대화를 연습해 보십시오.

 아래층 원룸에 도둑이 들었대요. 얘기 들었어요?

네, 들었어요. 그런데 어떻게 하다가 도둑이 들었대요?

 주인이 창문을 안 잠그고 나가는 바람에
도둑이 들었다고 하던데요.

사람은 안 다쳤대요?

 네. 다행히 사람은 안 다치고 돈하고 노트북만 없어졌대요.

3 여러분도 이야기해 보십시오.

1)

가
| 집 앞 시장, 화재 |
| 인명 피해 없다 |

2)

가
| 학교 앞, 교통사고 |
| 차가 고장 나다 |
| 운전자가 크게 다치다 |

이제 해 봐요

들어요

1 다음은 사건·사고 뉴스입니다. 잘 듣고 표를 완성하십시오.

뉴스 1	뉴스 2	뉴스 3
• 교통사고	•	• 도난 사건
•	• 고양이가 전기 레인지 스위치를 누름	• X
• 인명 피해 (총 8명 부상)	•	•

읽어요

1 다음은 생활 속 안전사고에 대한 기사입니다. 잘 읽고 질문에 답하십시오.

> KU신문   20××년 6월 28일
>
> 　요즘 길을 가다 보면 스마트폰을 보면서 걸어 다니는 사람들을 자주 보게 된다. 문제는 이런 행동이 사고로 이어질 수도 있다는 것이다. 실제로 서울연구원이 서울 시민 1,000명을 대상으로 조사한 결과 74%가 보행 중 스마트폰을 사용하다가 사람이나 사물, 차량과 충돌한 적이 있거나 충돌할 뻔한 경험이 있는 것으로 나타났다. 스마트폰을 보면서 걸으면 그렇지 않은 보행자에 비해 앞을 보는 시야의 폭이 절반 이하로 줄고 소리에 대한 반응도 느려진다. 따라서 주의해야 하는 돌발 상황을 만났을 때 빨리 대처하지 못하고 사고로 이어질 수 있다.
>
> 　스마트폰으로 인한 사고가 늘어나면서 세계 각국도 이를 막기 위한 여러 가지 방안을 내놓고 있다. 스마트폰 보행자를 위한 전용 도로를 설치해서 일반 보행자와 충돌하지 않도록 하거나 공공 도로에서 걷거나 자전거를 타고 가면서 스마트폰을 사용하면 벌금을 내도록 하는 나라도 있다. 한국에서는 횡단보도 양쪽 끝에 가늘고 긴 막대 모양의 LED 등을 설치해 일반 신호등 신호에 맞춰 불빛이 바뀌는 '바닥 신호등'을 설치했다. 시선이 아래로 향해 있는 스마트폰 보행자들이 길을 안전하게 건너도록 하기 위한 것이다. 그 밖에 보행자가 횡단보도에 섰을 때 자동으로 스마트폰이 꺼지게 하는 앱도 개발 중이다. 전문가들은 법이나 기술적인 방법을 통한 사고 예방도 중요하지만 무엇보다 스마트폰 사용자들의 안전에 대한 의식이 바뀌어야 된다고 강조한다.

1) 기사와 관련이 있는 것을 고르십시오.

①   ②   ③

2) 읽은 내용과 같으면 ○, 다르면 ✕에 표시하십시오.

① 한국은 보행 중 스마트폰을 사용하면 벌금을 내야 한다.　　　○　✕

② 바닥 신호등은 보행자의 안전을 위해 설치한 것이다.　　　○　✕

③ 서울 시민 10명 중 9명은 스마트폰 사고를 경험한 적이 있다.　　　○　✕

1 사고의 원인과 예방법에 대해 이야기하십시오.

1) 다음 포스터는 어떤 사고에 대한 것인지 이야기하십시오.

2) 위 사고 중 하나를 선택해서 구체적인 내용을 생각해 보십시오.

● 사고의 원인　　　● 사고로 인한 피해　　　● 사고를 막을 수 있는 방법

3) 친구들과 이야기하십시오.

1 사고를 예방하기 위한 표어를 확인하십시오.

써요

1) 다음을 보고 표어를 만드는 방법을 확인하십시오.

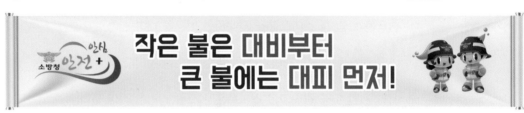

2 여러분도 위와 같이 표어를 만드십시오.

1) 어떤 사고에 대한 표어를 만들지 생각해 보십시오.

2) 사고의 원인, 결과 중 어느 부분을 강조할지 생각해 보십시오. 전달하고 싶은 메시지를 한 문장으로
쓰십시오.

3) 의미가 잘 전달되도록 간단하고 명확하게 고쳐서 표어를 완성하십시오.

4) 친구들이 만든 표어를 확인하고 어떤 표어가 인상적인지 이야기하십시오.

발음 경음화

● 밑줄 친 부분의 발음에 주의하면서 다음을 들어 보십시오.

> 가 <u>학교</u> 앞에서 <u>교통사고</u>가 <u>났다면서</u>?
>
> 나 응. 어떤 차가 가다가 <u>갑자기</u> 멈추는 바람에 <u>그랬대</u>.

 받침소리 [ㄱ], [ㄷ], [ㅂ] 뒤에 오는 'ㄱ', 'ㄷ', 'ㅂ', 'ㅅ', 'ㅈ'
은 [ㄲ], [ㄸ], [ㅃ], [ㅆ], [ㅉ]로 발음합니다.

● 다음을 읽어 보십시오.

> 1) 운동을 중요하게 생각하는 사람들은 많았지만 실제로 운동을 하는 사람은 적었다.
>
> 2) 출퇴근 시간이 자유롭고 분위기가 좋은 직장에서 일하고 싶습니다.
>
> 3) 가 우린 몇 번째야? 들어가려면 아직도 한참 더 기다려야 될 것 같은데.
>
>   나 맛집인데 이 정도는 기다려야지.
>
> 4) 가 위염이 잘 낫지 않아요.
>
>   나 식습관이 불규칙해서 그런 것 같네요.

● 들으면서 확인해 보십시오.

자기 평가

이번 과 공부는 어땠어요? 별점을 매겨 보세요!

사건·사고의 원인과 피해 상황을 이야기할 수 있습니까?	☆ ☆ ☆ ☆ ☆

생각해 봐요 091

1 지금 소개하는 도시는 어떤 특징이 있습니까?

2 여러분 나라의 도시들은 어떤 특징이 있습니까?

학습 목표

정보를 바탕으로 도시를 소개할 수 있다.

● 도시 기본 정보, 도시의 특징

● (으)로서, -을 뿐만 아니라, -아 오다, -아 가다

9

도시

배워요

내일은 프랑스 제2의 도시로 알려진 마르세유로 갑니다.

거기가 여기보다 남쪽에 있는 거 맞죠?

도시 기본 정보 ▼ Q

| 위치 | 한반도의 | 중앙/중부 | 동쪽/동부 | 서쪽/서부 | 남쪽/남부 | 북쪽/북부 |

| 인구 | 약 991만 명(2020년) | 대도시 | 중소 도시 | 소도시 |

| 면적 | 1,214 ㎢, 서울의 두 배 |

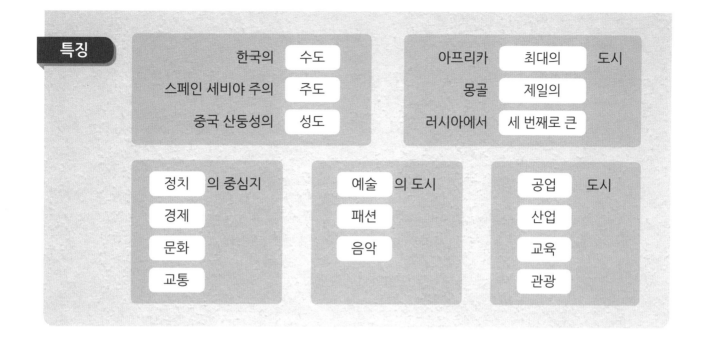

한국의 [수도]
스페인 세비야 주의 [주도]
중국 산둥성의 [성도]

아프리카 [최대의] 도시
몽골 [제일의]
러시아에서 [세 번째로 큰]

[정치] 의 중심지
경제
문화
교통

[예술] 의 도시
패션
음악

[공업] 도시
산업
교육
관광

1) 가 친구들이 통영에 놀러 가자고 하던데 거기가 큰 도시야?
    나 아니, 그냥 중소 도시야. 남쪽에 있는데 바다가 아름답기로 유명해.

2) 가 제가 오늘 소개하려는 도시는 미국 최대의 도시인 뉴욕입니다. 뉴욕의 인구는 2020년 기준
    약 840만 명이고 면적은 1,214제곱킬로미터로 서울의 두 배 정도 됩니다.

1 다음과 같이 이야기해 보십시오.

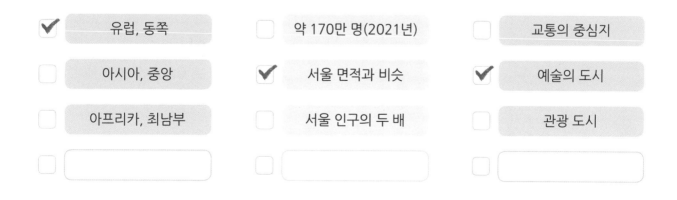

가 그 도시는 어떤 곳이에요?
나 유럽의 동쪽에 있는 곳인데 면적은 서울과 비슷해요. 그리고 예술의 도시로 알려져 있어요.

☑ 유럽, 동쪽   ☐ 약 170만 명(2021년)   ☐ 교통의 중심지

☐ 아시아, 중앙   ☑ 서울 면적과 비슷   ☑ 예술의 도시

☐ 아프리카, 최남부   ☐ 서울 인구의 두 배   ☐ 관광 도시

☐ [   ]   ☐ [   ]   ☐ [   ]

하노이는 베트남의 수도로서
정치·문화·교육의 중심지 역할을 하고 있습니다.

1) 가 작가님, 이탈리아 피렌체는 어떤 도시인가요?
　　나 피렌체는 역사와 문화의 도시로서 도시 전체가 하나의 박물관 같은 곳입니다.

2) 가 일본의 삿포로 하면 눈 축제가 유명하다고 들었습니다.
　　나 네, 세계 3대 겨울 축제 중 하나로서 전 세계 관광객들이 오는 큰 축제지요.

3) 가 지난번에 너 전주 갔었다고 했지? 나도 방학에 가 볼까 하는데.
　　나 그래? 그럼 내가 갔다 온 사람으로서 어디가 좋은지 알려 줄게.

(으)로서 ▼	🔍

* 지위나 신분 또는 자격을 나타낸다.

1 다음과 같이 이야기해 보십시오.

> 가 좀 더 소개해 주시겠어요?
> 나 네, 이곳은 빅토리아 주의 주도로서 호주에서 두 번째로 큰 도시입니다.

제1의 도시　　✔주도　　패션의 도시　　경제의 중심지　　교육 도시

☐ 패션업계 종사자들이 많이 찾음　　　　☐ 세계적인 대학과 연구소가 있음

☐ 가장 많은 인구가
살고 있음　　　✔ 두 번째로 큰 도시임　　　☐ 외국 기업이
많이 들어와 있음

2 여러분 나라의 대표적인 도시나 여러분이 살던 곳을 소개해 보십시오.

3

> 여기는 오래된 건축물이 많이 남아 있네요.

> 그렇죠? 이렇게 문화유산이 잘 보존되어 있는 것이 이 도시의 특징입니다.

도시의 특징 ▾ 🔍

- 산업이 발달하다
- 소득 수준이 높다
- 현대적이다

- 역사가 오래되다
- 문화유산이 잘 보존되다
- 고풍스럽다

- 기후가 온화하다
- 자연 경관이 아름답다
- 여유롭다

- 국제 교류가 활발하다
- 다양한 문화가 공존하다
- 전통과 현대가 조화를 이루다
- 개방적이다

인구가 집중되다　　　치안이 좋지 않다　　　교통이 불편하다　　　환경이 오염되다

1) 가 이런 옛날 사원이 도심 한가운데 있으니까 신기하네요.
　　나 그러게요. 이렇게 전통과 현대가 조화를 이루는 모습이 인상적이네요.

2)　가　유학한 곳은 생활하기 어땠어?

　　　나　거기 좋았지. 기후도 온화하고 자연 경관도 너무 아름답고. 진짜 살기 좋았어.

3)　가　이 지역은 대규모 산업 시설이 들어서면서 경제가 발전하였고 현재에도 소득 수준이 높은 도시로 손꼽히고 있습니다.

1 다음과 같이 이야기해 보십시오.

> 가　이 도시는 산업이 발달해서 일자리가 많고 소득 수준도 높습니다.

소득 수준이 높다	환경이 오염되다
교육 수준이 높다	조용한 휴양 도시이다
분위기가 개방적이다	여러 지역에서 온 사람이 모여 살다
다양한 문화가 공존하다	치안이 좋지 않다
산업이 발달하다	분위기가 여유롭다
유명 대학과 연구소가 많다	교통이 불편하다

2 다음의 특징을 가지고 있는 도시에 대해 이야기해 보십시오.

> 소득 수준이 높음　　　문화유산이 잘 보존됨　　　자연환경이 잘 보존됨
>
> 다양한 언어와 문화가 공존함　　　치안이 좋음

4 제 고향은 이 축제 덕분에 유명한 관광 도시가 되었습니다. 축제를 즐기러 국내뿐만 아니라 해외에서도 많은 관광객이 찾아오고 있습니다.

1) 가 여기가 여름 휴양지로 인기 있는 이유가 뭔가요?
   나 보시다시피 자연 경관이 뛰어날 뿐만 아니라 다른 곳보다 서늘해서 피서지로 적당한 곳이기 때문입니다.

2) 가 제가 피부가 건조하고 예민한 편인데 어떤 비누를 쓰면 좋을까요?
   나 이거 어떠세요? 이게 피부 자극이 적을 뿐만 아니라 보습에도 좋은 제품이거든요.

3) 가 프로 게이머에게는 어떤 능력이나 자질이 필요한가요?
   나 순간순간 빠른 판단 능력뿐만 아니라 팀원들과 협력할 줄 아는 자세도 있어야 합니다.

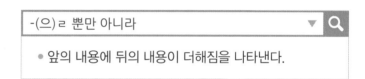

-(으)ㄹ 뿐만 아니라

• 앞의 내용에 뒤의 내용이 더해짐을 나타낸다.

1 다음과 같이 이야기해 보십시오.

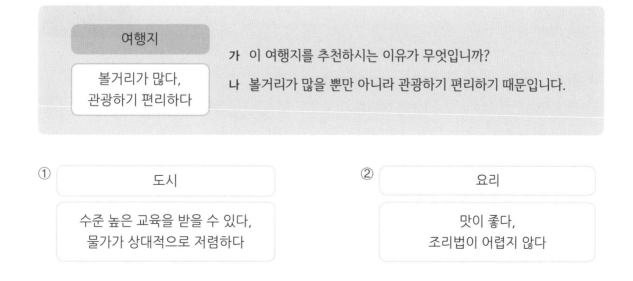

여행지

볼거리가 많다, 관광하기 편리하다

가 이 여행지를 추천하시는 이유가 무엇입니까?
나 볼거리가 많을 뿐만 아니라 관광하기 편리하기 때문입니다.

① 도시

수준 높은 교육을 받을 수 있다, 물가가 상대적으로 저렴하다

② 요리

맛이 좋다, 조리법이 어렵지 않다

③	운동	④	영화
	운동 효과가 뛰어나다, 특별한 복장이나 도구가 필요 없다		연출과 연기가 훌륭하다, 영화 속 풍경과 음악도 아름답다

2 다음에 대해 이야기해 보십시오.

추천하고 싶은 관광 도시	자신의 나라에서 인기 있는 직업
이유 1 이유 2	이유 1 이유 2

5

이곳이 '영화의 도시'라는 이름을 얻게 된 계기가 있습니까?

네. 오래전부터 영화 촬영지로 사랑을 받아 왔고요.
결정적으로 국제 영화제가 열리면서
그런 이름을 얻게 되었습니다.

1) 가 이곳이 행정 도시로 자리를 잡은 게 언제부터예요?
　　나 한 10여 년 전부터 정부 기관이 하나둘 이곳으로 옮겨졌고, 그때부터 행정 도시로서의 역할을
　　　 해 오고 있어요.

2) 가 이제 은퇴하면 뭘 하면서 살아야 할지 걱정이다.
　　나 아버지, 평생 일만 하시면서 힘들게 살아오셨잖아요. 우선 좀 쉬세요.

3) 가 제이 씨, 올해의 가수상을 받으신 소감이 어떠세요?
　　나 정말 오랫동안 꿈꿔 온 순간인데 막상 받으니 너무 얼떨떨하네요.

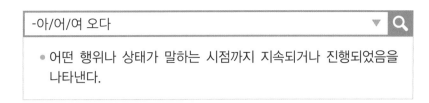

-아/어/여 오다 ▼ 🔍

- 어떤 행위나 상태가 말하는 시점까지 지속되거나 진행되었음을 나타낸다.

4) 가 관장님, 이 도서관은 단순히 책만 읽는 곳이 아니라서 매력적인데요.

　 나 아직 부족하지만 앞으로 다양한 문화를 즐길 수 있는 복합 공간으로 만들어 갈 생각입니다.

5) 가 퇴근 시간이 한참 지났는데 아직도 일하고 있는 거야?

　 나 그러게 말이다. 해도 해도 일은 늘어 가고 스트레스는 쌓여 가고. 정말 죽겠어.

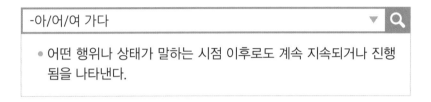

-아/어/여 가다 ▼ 🔍

- 어떤 행위나 상태가 말하는 시점 이후로도 계속 지속되거나 진행됨을 나타낸다.

1 다음과 같이 이야기해 보십시오.

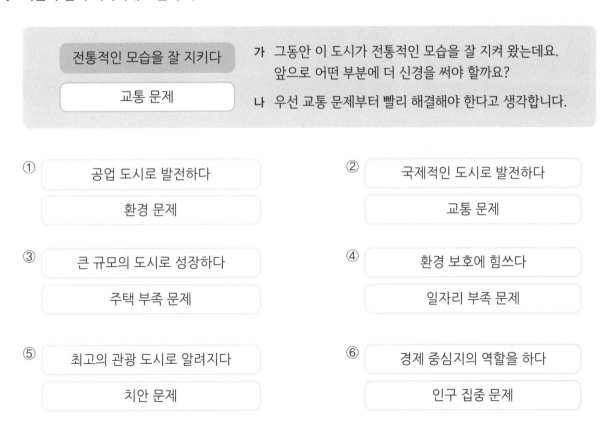

전통적인 모습을 잘 지키다

교통 문제

가 그동안 이 도시가 전통적인 모습을 잘 지켜 왔는데요. 앞으로 어떤 부분에 더 신경을 써야 할까요?

나 우선 교통 문제부터 빨리 해결해야 한다고 생각합니다.

① 공업 도시로 발전하다
　 환경 문제

② 국제적인 도시로 발전하다
　 교통 문제

③ 큰 규모의 도시로 성장하다
　 주택 부족 문제

④ 환경 보호에 힘쓰다
　 일자리 부족 문제

⑤ 최고의 관광 도시로 알려지다
　 치안 문제

⑥ 경제 중심지의 역할을 하다
　 인구 집중 문제

2 여러분 나라의 수도는 어떻게 발전해 왔고 앞으로 어떻게 발전해 가면 좋을지 이야기해 보십시오.

● 도시를 소개할 때 자주 사용되는 표현을 확인해 보십시오.

상징물

케이블카

타워　　　성　　　궁궐, 고궁　　　광장

분수

자연 경관

산맥

다리

협곡

평원

초원

빙하

기후

한대

냉대

온대

아열대

열대

밀림

사막

한 번 더 연습해요

1 다음 발표를 들어 보십시오. (092)

1) 남자는 어떤 도시를 소개하고 있습니까?

2) 그 도시는 어떤 특징이 있습니까?

2 다음을 연습해 보십시오.

뮌헨(독일 제3의 도시)
● 독일 남부
● 면적: 310.4km² (서울의 절반)
● 경제와 문화의 중심지
● 독일 최고의 관광 도시
● 세계적인 맥주 축제

뮌헨은 독일 제3의 도시로 독일 남부에 위치하고 있습니다. 면적은 약 310제곱킬로미터로 서울의 절반 정도의 크기입니다. 뮌헨은 경제와 문화의 중심지로 알려져 있을 뿐만 아니라 관광 도시로도 유명합니다. 특히 세계적으로 유명한 맥주 축제가 열려서 관광객들이 많이 방문합니다.

3 여러분도 발표해 보십시오.

1)

강릉
● 한국 동부, 강원도
● 인구: 약 21만 명(2020년)
● 온화한 기후
● 해변이 길고 해수욕장 많음
● 유적지·박물관·문화 축제 등 볼거리 풍성

2)

상파울루(브라질 최대 도시)
● 브라질 남동부
● 면적: 1,522km²(서울의 약 2.5배)
● 남아메리카에서 인구가 가장 많음
● 커피 산업이 발달함
● 다양한 인종, 문화가 공존

이제 해 봐요

1 다음은 관광 가이드와 관광객의 대화입니다. 잘 듣고 질문에 답하십시오.

들어요

1) 대화의 화제로 나온 것에 ✔표를 하십시오.

☐ 위치   ☐ 인구   ☐ 역사

☐ 면적   ☐ 관광객 수   ☐ 주요 산업

2) 들은 내용과 다른 것을 고르십시오.

① 이 도시는 교통 체증이 심하지 않다.

② 이제 이 도시의 오래된 건축물을 볼 예정이다.

③ 이 도시에서는 현지 언어를 몰라도 영어로 소통이 가능하다.

 1 다음은 유학 안내 자료에 소개된 도시 소개 글입니다. 잘 읽고 질문에 답하십시오.

읽어요

영국의 도시 하면 누구나 '런던'을 떠올릴 것이다. 그러나 런던 말고도 우리의 관심을 끌 만한 도시는 셀 수 없을 정도로 많다. 특히 영국으로 유학이나 이민을 갈 생각이 있다면 자세히 보라. 당신의 눈과 마음이 어디에 멈추는지 말이다.

A. 브라이턴

영국의 남쪽에 위치한 도시로서 해변 산책로가 아름답고 관광 시설이 잘되어 있는 대표적인 휴양지이다. 영국에서 날씨가 좋은 몇 안 되는 도시 중 하나로 런던까지 기차로 1시간 정도밖에 걸리지 않고 물가도 저렴한 편이라 유학생들도 많이 거주한다.   더보기

B. 케임브리지

런던의 북동쪽에 위치한 도시로 예로부터 런던 지방과 북부 지방을 잇는 교통의 요지였다. 중세 시대에는 상업 도시로 (㉠) 도시였지만 지금은 세계적으로 유명한 케임브리지 대학교의 소재지로 널리 알려져 있다. 도시 자체의 경관이 아름답고 고풍스러운 학교의 건물들이 잘 어우러져 있어 낭만을 느끼기에 충분한 도시이다.   더보기

C. 맨체스터

영국에서 인구가 다섯 번째로 많은 도시로 금융의 중심지이며 '산업의 심장'이라고 불리는 곳이다. 또한 축구의 도시라고 해도 될 만큼 축구를 사랑하는 도시로 한국의 축구 선수가 이 도시의 축구팀에서 활약하여 한국인에게는 더욱 (㉡) 도시이다.   더보기

D. 에든버러

스코틀랜드의 수도인 이곳은 영국에서 가장 아름다운 도시로 손꼽히는 도시 중 하나다. 특히 매년 열리는 에든버러 국제 페스티벌은 세계적으로 유명한 축제로 (㉢) 볼거리를 제공하고 있다. 중세와 근대 시대의 건축물로 유명한 생동감 넘치는 문화 도시이다.   더보기

1) 다음 사람이 어떤 도시를 방문하면 좋을지 A~D에서 골라 쓰십시오.

① 역사적인 건축물을 감상하고 세계적인 축제도 경험해 보고 싶어요.

② 생활비가 적게 들고 런던에 사는 친구와 쉽게 만날 수 있으면 좋겠어요.

③ 유명하고 오래된 대학이 있는 도시를 방문해 분위기를 느껴 보고 싶어요.

2) ㉠~㉢에 들어갈 알맞은 말을 아래에서 골라 쓰십시오.

고상하다	다채롭다	이름나다	친숙하다	희귀하다

㉠ _____   ㉡ _____   ㉢ _____

🔊 **1 여러분이 관심 있는 도시에 대해 조사하여 발표하십시오.**

말해요

1) 소개할 도시에 대해 조사하고 간단히 메모하십시오.

도시 이름	
위치, 인구, 면적	

특징 및 기타 정보	

2) 조사한 내용을 바탕으로 도시를 소개하는 발표를 하십시오.

1 여러분이 관심 있는 도시에 대해 소개하는 글을 쓰십시오.

써요

1) 말하기에서 이야기한 내용을 바탕으로 글을 쓸 것입니다. 어떤 순서로 쓸지 생각해 보십시오.

2) 생각한 내용을 바탕으로 글을 쓰십시오.

문화 한국의 도시

● 여러분은 한국의 도시를 얼마나 많이 알고 있습니까? 한국의 도시 중 역사가 오래된 도시를 이야기해 보십시오.

 서울을 비롯한 경주, 공주, 부여 등은 한국을 대표하는 역사 도시로서 옛 국가의 수도였다.

경주
신라의 수도

공주
백제의 수도

부여

● 한국의 도시 중 새로 생긴 도시를 알고 있습니까?

한국 정부는 서울의 인구 집중 등 여러 가지 문제를 해결하기 위해 새로운 도시를 개발해 왔다.
서울 근교의 일산, 분당 등의 신도시와 세종특별자치시는 새로 개발된 도시이다.

서울 근교 신도시
일산 / 서울 / 위례 / 판교 / 분당

세종특별자치시

수도권의 집중을 막고 국가를 골고루 발전시키기 위해 만든 행정 중심의 계획 도시

● 여러분 나라에도 위와 같은 도시가 있습니까?

자기 평가

이번 과 공부는 어땠어요? 별점을 매겨 보세요!

정보를 바탕으로 도시를 소개할 수 있습니까?

10

사회 변화

한국으

1.56

0.99

4.162

3.641

 생각해 봐요 101

1 남자는 무엇을 소개하고 있습니까?

2 여러분은 사회가 어떻게 변화하고 있다고 생각합니까?

1975   1985

 학습 목표

사회가 변화하는 모습과 앞으로의 전망에 대해 이야기할 수 있다.

● 변화, 변화 정도, 사회 변화 지표

● -을수록, 문어적 격식 표현

● 설문 조사 설명하기(전망)

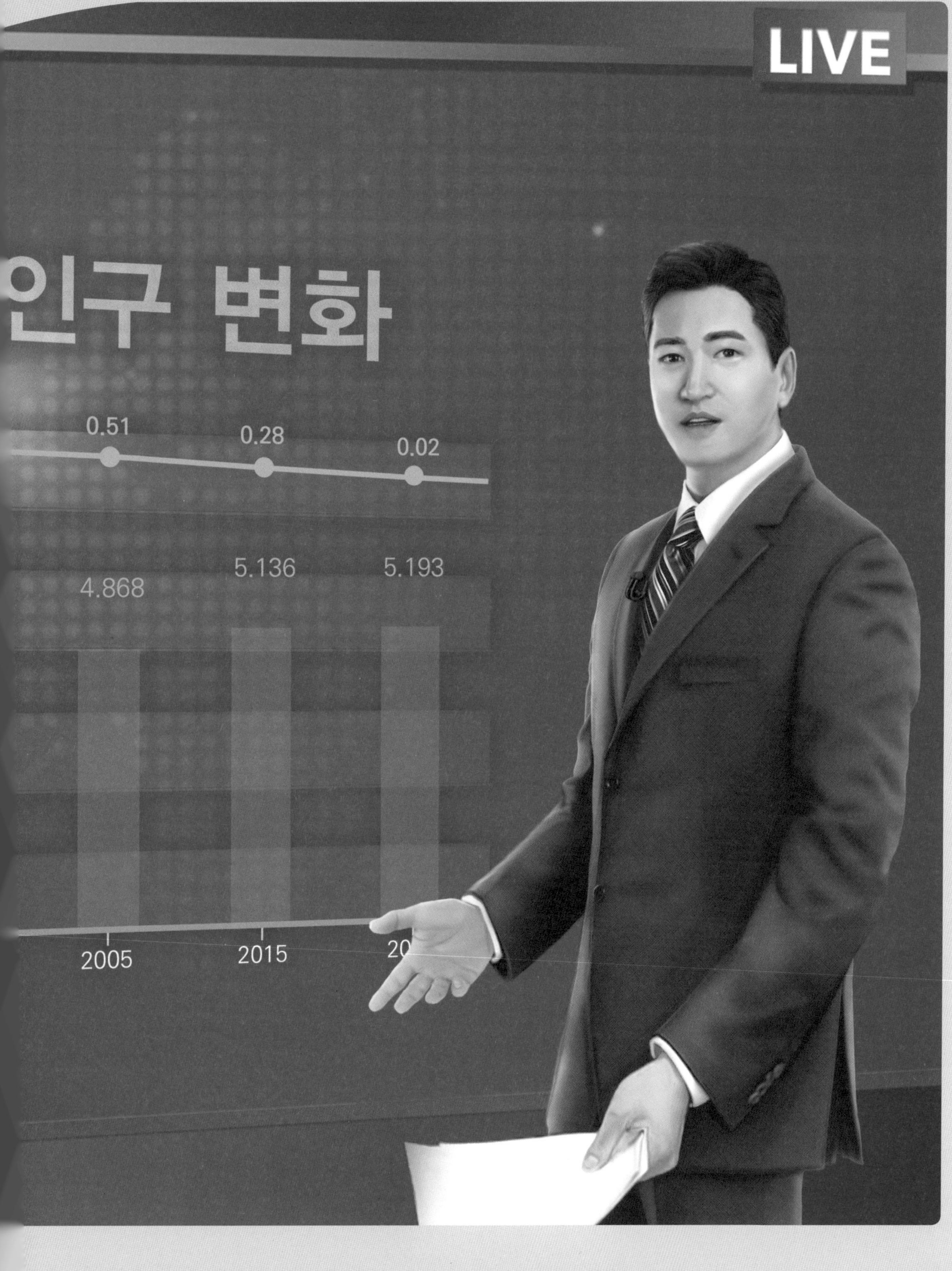
LIVE
인구 변화
0.51
0.28
0.02
4.868
5.136
5.193
2005
2015

 배워요

1

박 기자, 서울시 인구가 감소하고 있다고요?

네, 그렇습니다. 10년 전부터 꾸준히 줄고 있습니다.

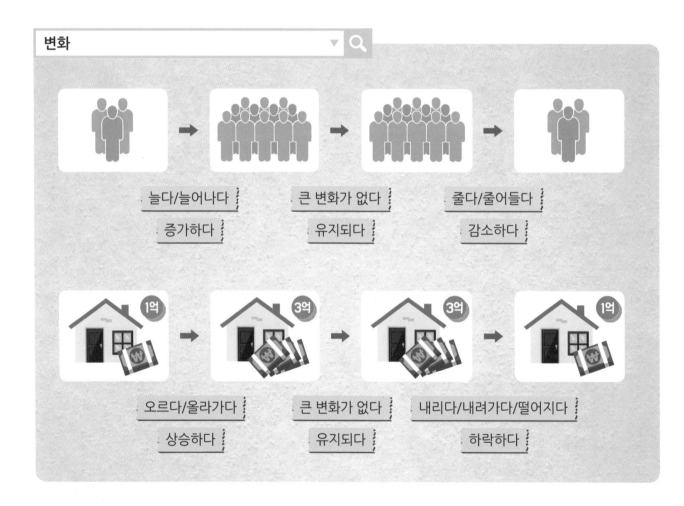

변화 🔍

| 늘다/늘어나다 | 큰 변화가 없다 | 줄다/줄어들다 |
| 증가하다 | 유지되다 | 감소하다 |

| 오르다/올라가다 | 큰 변화가 없다 | 내리다/내려가다/떨어지다 |
| 상승하다 | 유지되다 | 하락하다 |

1) 가 장마로 인해 과일 가격이 상승했다던데요.
　　나 네, 작년에 비해 10%가량 올랐다고 합니다.

2) 가 올해는 초등학교 교사를 조금만 뽑는다면서요?
　　나 초등학생 수가 감소해서 그런가 봐요. 초등학생 수가 우리 어렸을 때보다 반 이상 줄었잖아요.

1 다음과 같이 이야기해 보십시오.

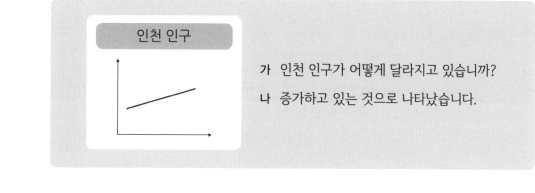

가 인천 인구가 어떻게 달라지고 있습니까?

나 증가하고 있는 것으로 나타났습니다.

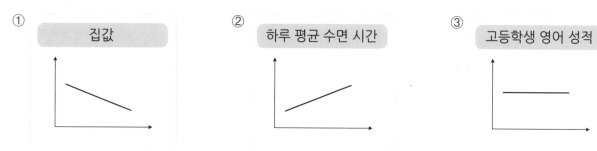

변화 정도 ▼ 🔍

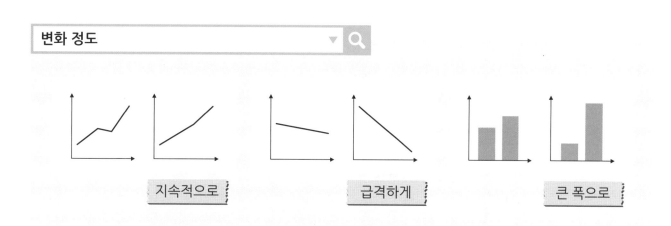

지속적으로   급격하게   큰 폭으로

1) 가 김 기자, 한동안 따뜻하던 날씨가 갑자기 추워졌네요.
   나 네, 하룻밤 사이에 기온이 급격하게 떨어졌습니다.

2) 가 우리 지역 축제를 찾는 사람들이 매년 지속적으로 늘다가 지난해부터 감소하고 있습니다.
   나 그 원인이 무엇이라고 보십니까?

1 다음과 같이 이야기해 보십시오.

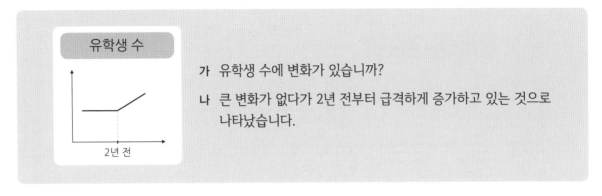

가 유학생 수에 변화가 있습니까?

나 큰 변화가 없다가 2년 전부터 급격하게 증가하고 있는 것으로
   나타났습니다.

유학생 수

2년 전

① 독감 환자 수

지난달

② 자전거 이용자 수

2019년

③ 한 학기 수업료

작년

2 다음과 같이 이야기해 보십시오.

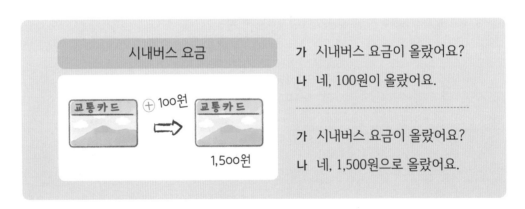

시내버스 요금

교통카드 ⊕ 100원 ⇒ 교통카드

1,500원

가 시내버스 요금이 올랐어요?

나 네, 100원이 올랐어요.

가 시내버스 요금이 올랐어요?

나 네, 1,500원으로 올랐어요.

① 대학교 등록금

670만 원

② 직업의 종류

⊕ 4,100개

③ 영화관을 찾는 사람

⊖ 200만 명

2

조사 결과를 보니 혼인 건수가 감소하고 있네요.

네, 결혼을 안 하려고 하거나 미루는 사람이 많아지고 있습니다.

사회 변화 지표 ▾ 🔍

인구
인구   출산   출생   사망   수명

가족·가구
혼인   초혼   이혼   재혼   미혼   비혼   *1인 가구*

경제
소득   지출   소비   물가

수
취업자 수
국제결혼 건수
영화 관람 횟수

비율
노인 비율   교육비 지출액
출산율   *판매량*

1) 가 교수님, 변화하는 사회의 모습은 인구나 가족 구성 외에 무엇을 통해서 알 수 있습니까?
   나 소득과 같은 경제적인 부분을 통해서도 알 수 있겠고요. 국민들의 건강, 여가 생활, 삶의 만족도 등도 살펴봐야 합니다.

2) 가 올해 평균 초혼 연령은 남성 33.4세, 여성 30.6세로 20년 전에 비해 남성은 1.8세, 여성은 1.9세 상승했다.

3) 가 65세 이상 고령 인구 비율이 증가하는 것이 평균 수명이 길어졌기 때문일까요?
   나 그것도 한 원인이겠지만 출산율이 낮아진 것도 원인인 것 같습니다.

1 다음과 같이 이야기해 보십시오.

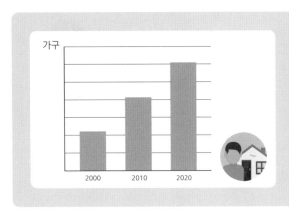

가 이 표는 무엇을 나타내고 있습니까?

나 1인 가구 수의 변화를 나타내고 있습니다.

가 어떻게 변화하고 있습니까?

나 1인 가구가 지속적으로 증가하고 있습니다.

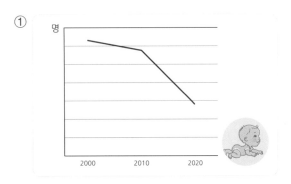

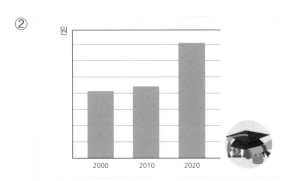

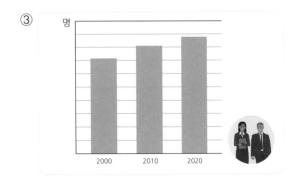

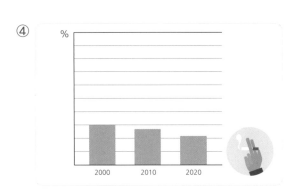

2 여러분 나라에서는 어떤 변화가 나타나고 있습니까? 다음에 대해 이야기해 보십시오.

인구   출산율   초혼 연령

물가   대중교통 요금   한 끼 식사비

3

이번 조사에서 결혼을 하지 않아도 괜찮다고 대답한 사람이 많았다고요?

네, 특히 연령이 낮을수록 그렇게 대답한 사람이 많았습니다.

1) 가 새로 출시한 미니 냉장고는 판매량이 어떻습니까?
    나 지난달 판매량은 매우 좋습니다. 요즘 1인 가구가 늘어 작을수록 잘 팔리는 것 같습니다.

2) 가 홍승우 씨는 10년차 배우이신데도 연기에 대한 고민이 많으신가 봐요.
    나 네, 막 데뷔했을 때는 몰랐는데 연기를 하면 할수록 부족함이 느껴지더라고요.

3) 가 외워야 할 단어가 갈수록 많아지고 어려워지네.
    나 이제는 매일 복습하지 않으면 안 되겠어.

4) 가 친구 사이에도 예의를 지켜야 된다고 생각해요.
    나 맞아요. 가까운 사이일수록 서로 조심해야지요.

-(으)ㄹ수록 ▼	🔍

• 앞 내용에 따라 뒤의 내용도 그 정도가 더해지거나 덜해짐을 나타낸다.

1 다음과 같이 이야기해 보십시오.

삶의 만족도, 소득이 높다, 높다   가 삶의 만족도는 소득이 높을수록 높은 것 같아요.

① 우리의 생활, 기술이 발달하다, 편리해지다   ② 직업 만족도, 연봉이 많다, 높다

③ 한국어, 공부하다, 어렵다   ④ 환경, 생활이 편해지다, 오염되다

⑤ 이 노래, 듣다, 좋다   ⑥ 포도주, 오래되다, 맛이 깊어지다

2 다음에 대해 이야기해 보십시오.

> 많을수록 좋은 것

> 빨리 할수록 좋은 것

> 많을수록 안 좋은 것

> 빨리 할수록 안 좋은 것

4

1인 가구 비율이 갈수록 증가하는 것 같은데요.

네, 그렇습니다. 2000년에는 15%였으나 2020년에는 30%로 증가했습니다.

1) 가 요즘 중고로 물건을 구매하는 사람이 꾸준히 늘고 있네요.
   나 네, 저렴한 가격에 괜찮은 물건을 구할 수 있어 인기가 높아지고 있습니다.

2) 가 얼마 전 부상으로 활동을 중단한 김현경 선수의 소식을 궁금해하는 팬들이 많은데요.
   나 네, 현재는 휴식을 취하며 건강 회복에만 전념하고 있다고 합니다.

3) 가 관객 여러분, 관람 중 다른 관객에게 방해가 될 수 있으니 휴대폰 전원을 반드시 꺼 주시기 바랍니다.

문어적 격식 표현 🔍

- 글을 쓰거나 뉴스나 발표 등에서 공식성을 강조하거나 격식을 갖추려고 할 때 연결 어미 '-고', '-지만', '-아서/어서/여서', '-(으)면서', '-(으)니까' 등을 문어적 격식 표현인 '-(으)며', '-(으)나', '-아/어/여', '-(으)며', '-(으)니' 등으로 바꾸어 말하기도 한다.

1 다음과 같이 이야기해 보십시오.

> 공연 관람률이 15년 전에는 62%였지만 작년에는 80%를 넘었어요.
>
> 공연 관람률이 15년 전에는 62%였으나 작년에는 80%를 넘었습니다.

① 저는 대학 때 직접 봉사 동아리를 만들어서 활동하기도 했어요.

② 태풍 때문에 비가 내리고 있어요. 피해가 예상되니까 주의하세요.

③ 지금부터 30~40대 직장인들이 스트레스를 받는 이유가 무엇이고
어떤 증상이 나타나고 어떻게 해소하는지에 대해 발표할게요.

5

> 한국 인구, 앞으로 어떻게 변화할까요?
>
> 계속해서 늘다가 2030년부터 감소하기 시작할 것으로 보입니다.

1) 가 맞벌이 부부 수가 앞으로 어떻게 변화할 것이라고 보십니까?
   나 현재까지 증가해 왔으며 앞으로도 증가할 것으로 보입니다.

2) 가 전국 주유소의 기름값이 계속 오르고 있는데요. 대중교통 요금에도 영향이 있을 것 같습니다.
   나 그렇습니다. 대중교통 요금이 몇 년째 유지되었으나 앞으로는 오를 것으로 보입니다.

3) 가 최근 1인 가구 수가 증가하고 있다면서요?
   나 네. 이러한 추세가 계속된다면 소형 가전과 같은 1인 가구를 위한 제품의 판매량도 늘 것으로
   전망됩니다.

1 다음 표를 보고 이야기해 보십시오.

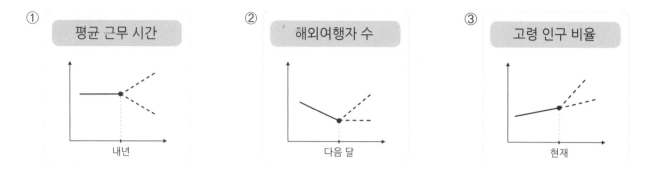

① 평균 근무 시간 — 내년
② 해외여행자 수 — 다음 달
③ 고령 인구 비율 — 현재

● 무엇이 얼마나 있는지 이야기해 보십시오.

영화 2편

게임 1판

차 1대

집 2채

종이 5장

김밥 2줄

과자 1봉지

한입만!

한 번 더 연습해요

1 다음 발표를 들어 보십시오.

1) 무엇에 대해 이야기하고 있습니까?

2) 외국인 유학생 수는 어떻게 달라졌습니까?

2 다음을 연습해 보십시오.

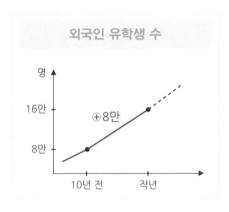

외국인 유학생 수가 지속적으로 증가하고 있습니다.
조사에 따르면 지난해 외국인 유학생 수는
16만 명인 것으로 나타났습니다.
이는 10년 전에 비해 약 8만 명 늘어난 것입니다.
이러한 추세로 미루어 보면 앞으로도
외국인 유학생 수가 증가할 것으로 보입니다.

3 여러분도 발표해 보십시오.

1)
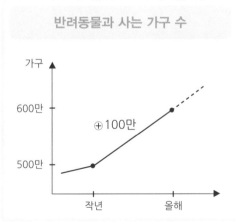

2)
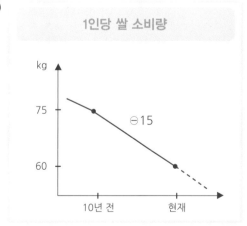

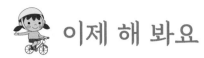 이제 해 봐요

 들어요

1 다음은 강의의 일부입니다. 잘 듣고 질문에 답하십시오.

1) 남자가 오늘 강의에서 설명한 내용으로 맞는 것을 <u>모두</u> 고르십시오.

① 사회 변화의 원인

② 사회 변화로 인해 생긴 문제

③ 사회 변화 추세를 알아야 하는 이유

④ 사회 변화가 개인의 생활에 미친 영향

2) 들은 강의의 다음 시간 강의 주제로 맞는 것을 고르십시오.

① 사회 변화를 조사하는 방법

② 한국과 다른 나라의 사회 변화 모습 비교

③ 사회 변화를 보여 주는 지표의 구체적인 예

 읽어요

1 다음은 한국 사회의 변화에 대한 기사입니다. 잘 읽고 질문에 답하십시오.

KU신문   20××년 9월 5일

　교육부에서 발표한 교육 통계 보고에 따르면 초등학교 한 학급당 학생 수가 꾸준히 줄고 있는 것으로 나타났다. 20년 전에는 36명이었던 학생 수가 10년 사이에 27명으로 줄었고 다시 10년이 지난 현재 22명으로 감소했다. 이는 출생률이 낮아지면서 전체 초등학생 수가 줄어들었기 때문이다.

　출생률 저하에 따른 전체적인 학생 수 감소에 대해 우려의 목소리도 나오고 있으나 전문가들은 이러한 변화가 교육에 미칠 긍정적인 영향도 클 것으로 보고 있다. 학생 수 감소로 인해 학급당 학생 수가 줄면 교사 한 명이 담당하는 학생 수도 줄게 된다. 그러면 교사가 학생 한 명 한 명의 학습 상태, 교우 관계, 학교 생활 만족도 등을 파악하기 쉬워져 안정적인 교육을 제공할 수 있다. 또한 토론식 수업이나 디지털 기자재를 활용한 수업 등 학생 개개인의 특성에 맞는 다양한 수업을 진행해 교육의 질을 높일 수 있다. 따라서 학생 수 감소를 문제 상황으로만 인식해 걱정만 하고 있을 것이 아니라 이를 교육 환경 개선의 기회로 삼아야 할 것이다.

1) 기사의 제목으로 알맞은 것을 고르십시오.

① **초등학교 디지털 기자재, 지금보다 늘려야**

② **초등학교 교사 수 부족 문제, 갈수록 심각해져**

③ **초등학교 한 학급당 학생 수 지속적으로 감소**

2) 읽은 내용과 같은 것을 고르십시오.

① 초등학생 수 감소에 따른 교육부의 대책에 문제가 많다.

② 출생률 감소가 초등학교 한 학급당 학생 수 변화에 영향을 미쳤다.

③ 전문가들은 학생 수가 줄어들면 교육의 질이 떨어질 것이라고 생각한다.

말해요

1 여러분 나라의 사회 변화에 대해 이야기하십시오.

1) 여러분 나라는 어떤 변화를 보이고 있습니까? 다음 중 주제 한 가지를 고르십시오.

| 온라인 쇼핑 이용률 | 외국인 유학생 | 초혼 연령 | 무자녀 가구 |

| 1인 가구 | 평균 수명 | 반려동물 가구 |

2) 선택한 주제에 대해 생각해 보십시오.

● 현재의 상황은 어떠한지

● 과거와 비교하면 어떻게 달라졌는지

● 그 이유는 무엇이라고 생각하는지

● 앞으로는 어떻게 변화할 것 같은지

3) 생각한 내용을 바탕으로 이야기하십시오.

1 여러분 나라의 사회 변화에 대해 쓰십시오.

써요

1) 말하기에서 이야기한 내용을 바탕으로 글을 쓸 것입니다. 다음에 대해 생각해 보십시오.

● 언제부터 언제까지의 변화에 대해 소개하려고 하는지, 왜 그 기간이 중요하다고 생각하는지

● 어떻게 변화했는지, 이렇게 변화한 이유는 무엇이라고 생각하는지

● 앞으로는 어떻게 변화할 것 같은지

2) 생각한 것을 바탕으로 글을 쓰십시오.

발음   ㄴ 첨가

- 밑줄 친 부분의 발음에 주의하면서 다음을 들어 보십시오.

  가 조사 결과 이혼율이 점차 감소하는 것으로 나타났습니다.

   받침이 있는 단어 뒤에 '이', '야', '여', '요', '유', '얘','예'로 시작하는 단어가 올 때는 그 사이에 [ㄴ]을 넣어 발음합니다.

- 다음을 읽어 보십시오.

  1) 가 두통약 사야 되는데 이 근처에 약국 있어?
     나 저기 안암역 2번 출구 앞에 하나 있어.

  2) 가 여기요, 깻잎 좀 더 주세요.
     나 어! 웬일이야? 네가 깻잎을 다 먹고.

  3) 가 거기 무슨 일 있어요?
     나 문이 안 열려서요.

  4) 가 휴대폰 요금이 왜 이렇게 많이 나왔지?
     나 휴대폰으로 뭐 결제한 거 아니야?

- 들으면서 확인해 보십시오.

 이번 과 공부는 어땠어요? 별점을 매겨 보세요!

자기 평가

| 사회가 변화하는 모습과 앞으로의 전망에 대해 이야기할 수 있습니까? |  |

정답

6과 취업

🎧 **들어요**

1) ②　　　　　　　　　　2) ③

📖 **읽어요**

1) ①　　　　　　　　　　2) 구직자

7과 건강 관리

📖 **읽어요**

1) ①

2) 62%밖에 되지 않았다

🎧 **들어요**

1) 자신의 몸에 맞는, 적당히

2) ① ◯　　　② ✕

8과 사건·사고

🎧 **들어요**

1)
> **뉴스 1**
> • 교통사고
> • 버스 운전자 졸음운전
> • 인명 피해(총 8명 부상)

> **뉴스 2**
> • 화재 사고
> • 고양이가 전기 레인지 스위치를 누름
> • 원룸 내부가 탐

> **뉴스 3**
> • 도난 사건
> • X
> • 재산 피해(택배 물건 560여 개)

📖 **읽어요**

1) ③

2) ① ✕　　　② ◯　　　③ ✕

9과 도시

🎧 **들어요**

1) ☐ 위치　　☑ 인구　　☐ 역사
　　☑ 면적　　☐ 관광객 수　　☑ 주요 산업

2) ①

📖 **읽어요**

1) ① D　　　② A　　　③ B

2) ㉠ 이름난　　㉡ 친숙한　　㉢ 다채로운

10과 사회 변화

🎧 **들어요**

1) ①, ③

2) ③

📖 **읽어요**

1) ③

2) ②

듣기 지문

6과 취업

061 생각해 봐요

바트 인턴십 과정에 지원하려면 어떤 자격이 필요한가요?

담당자 저희 회사는 어학 능력을 중요하게 생각하는데 어학 자격증 가지고 있으세요?

062 한 번 더 연습해요

줄리 고용노동부에서 전국의 직장인 500명을 대상으로 원하는 사내 복지가 무엇인지에 대한 조사를 실시했습니다. 그 결과에 따르면 자유로운 휴가 사용을 원하는 사람이 가장 많은 것으로 나타났습니다. 다음으로 식사 제공을 원한다는 응답이 28%로 2위를 차지했습니다. 그리고 보너스, 자녀 학비 지원이 그 뒤를 이었습니다.

063 이제 해 봐요

여 회사 옮겼다고 들었어요. 전에 다니던 회사도 인지도도 높고 좋지 않았어요?

남 그랬죠. 대기업이라서 보수도 좋고 사원 복지도 잘돼 있었고요.

여 그런데도 옮겼어요?

남 회사가 마음에 안 들었다기보다는 하는 업무가 좀 안 맞았거든요. 전에 하던 일도 사무직이었는데 영업도 많이 해야 했어요. 성격상 새로운 사람을 만나서 제품을 설명하고 권하는 게 잘 안 맞더라고요. 게다가 야근에 주말 근무도 많아서 좀 힘들었어요.

여 그러셨어요? 그럼 지금 옮긴 회사는 어때요?

남 처음이라서 그런지 아직은 다 만족스러워요. 근무 시간도 정해져 있고 혼자 집중해서 일하는 시간도 있고 해서 잘 맞는 것 같아요. 무엇보다 영업 같은 일은 안 해도 되고요.

여 잘됐네요. 이직을 하고 싶어도 실행에 옮기지 못하는 사람이 많은데, 잘하셨어요.

남 저도 고민은 많이 했어요. 그런데 여러 가지 조건을 다 생각하면 옮기기 쉽지 않겠더라고요. 그래서 어떤 일을 하는지, 하는 일에 만족하면서 잘할 수 있을지 이거 하나만 보고 결정했어요.

7과 건강 관리

071 생각해 봐요

의사 검진 결과를 보면 다른 곳은 괜찮은데 위가 좀 안 좋네요. 식사는 규칙적으로 하는 편인가요?

무함마드 아니요, 바쁘면 밥을 안 먹을 때도 있고 늦게 먹을 때도 있어요.

072 한 번 더 연습해요

하준 허리가 너무 아파서 왔는데요.

의사 혹시 최근에 무리한 운동을 하지는 않으셨어요?

하준 지난주에 등산을 다녀오기는 했어요.

의사 평소에 운동을 안 하다가 갑자기 운동을 하면 그럴 수 있습니다.

073 이제 해 봐요

남 우유는 건강에 좋은 완전식품이라고 알려져 있는데요, 최근에는 그렇지 않다는 이야기도 나오고 있습니다. 교수님, 어떤 정보가 맞는 정보일까요?

여 모든 사람에게 우유가 다 좋다고는 할 수 없지만 우리 몸에 좋은 식품임에는 틀림없습니다. 우유를 많이 섭취하면 암이 발생할 가능성이 커질 수도 있다, 뭐 이런 연구가 있기는 한데요. 일부의 의견일 뿐입니다. 또 우유를 마시면 소화가 안 된다, 설사를 한다, 이런 분들 많으시지요? 소화가 안 되거나 배탈이 나는 것은 우유에 들어 있는 성분 때문인데요. 요즘은 이 성분을 뺀 우유도 쉽게 구할 수 있으니까 자신의 몸에 맞는 것을 골라서 드시면 될 것 같습니다.

남 마트에 가 보면 정말 다양한 우유가 나와 있긴 하더라고요. 다이어트를 하는 분들은 지방이 없는 우유를 찾으시기도 하고요.

여 네. 자신에게 맞는 우유를 찾아서 적절한 양을 드신다면 우유는 건강에 아주 좋은 식품이라고 할 수 있습니다. 간혹 몸에 좋다고 하면 지나치게 많이 드시는 분도 있는데 그건 피하셔야겠습니다.

남 그렇군요. 그럼 건강에 좋은 우유 섭취량이 있을까요?

여 하루에 한두 잔 정도가 적절할 것 같습니다.

8과 사건·사고

🔘081 생각해 봐요

경찰 어떻게 사고가 났는지 말씀해 주시겠어요?

다니엘 제가 출발하려고 하는데 갑자기 뒤에서 택시가 '쾅' 하고 부딪쳤어요.

🔘082 한 번 더 연습해요

여자 아래층 원룸에 도둑이 들었대요. 얘기 들었어요?

남자 네, 들었어요. 그런데 어떻게 하다가 도둑이 들었대요?

여자 주인이 창문을 안 잠그고 나가는 바람에 도둑이 들었다고 하던데요.

남자 사람은 안 다쳤대요?

여자 네. 다행히 사람은 안 다치고 돈하고 노트북만 없어졌대요.

🔘083 이제 해 봐요

남 주말 사건 사고 소식 전해 드리겠습니다. 어제 오후 3시쯤 경부 고속도로에서 버스가 승용차를 들이받는 사고가 발생했습니다. 이 사고로 승용차와 버스 운전자 모두 크게 다쳤고 승객 6명이 부상을 입었습니다. 경찰은 버스 운전자가 졸음운전을 하다가 사고를 낸

것으로 보고 정확한 사고 경위를 조사하고 있습니다. 어젯밤 9시쯤 인천의 한 원룸에서 불이 나 원룸 내부를 태우고 15분 만에 꺼졌습니다. 소방 당국은 원룸 주인 A 씨가 집을 비운 사이, 집에 있던 고양이가 전기 레인지 스위치를 눌러서 불을 낸 것으로 보고 정확한 원인을 조사 중입니다.

서울 송파구에서는 택배 물건을 훔쳐 온 30대 남성이 경찰에 붙잡혔습니다. 조사 결과 이 남성은 지난해부터 택배 기사가 집 앞에 두고 간 물건 560여 개를 훔쳐서, 본인이 사용하거나 현금으로 바꾸어 써 온 것으로 밝혀졌습니다.

9과 도시

🔘091 생각해 봐요

관광 가이드 아시다시피 이스탄불은 유럽과 아시아에 걸쳐 있는데요. 지금 저희가 서 있는 곳이 유럽이고, 저기 보이는 곳이 아시아입니다. 이렇게 한 도시에 동양과 서양이 함께 있는 게 참 매력적이죠?

🔘092 한 번 더 연습해요

다니엘 뮌헨은 독일 제3의 도시로 독일 남부에 위치하고 있습니다. 면적은 약 310제곱킬로미터로 서울의 절반 정도의 크기입니다. 뮌헨은 경제와 문화의 중심지로 알려져 있을 뿐만 아니라 관광 도시로도 유명합니다. 특히 세계적으로 유명한 맥주 축제가 열려서 관광객들이 많이 방문합니다.

🔘093 이제 해 봐요

남 자, 이제 인사하는 법 잘 아셨죠? 한번 같이 해 보겠습니다. 먼저, 남자분들!

남자들 싸왓디크랍.

남 여자분들!

여자들 싸왓디카.

남 네, 잘하시네요. 그럼 지금부터 다음 장소로 이동하는 동안 이곳 방콕에 대해서 간단히 설명해 드릴게요. 방콕 인구는 약 830만 명 정도로 인구수로 보면 서울보

다 적은데요. 면적은 서울의 2.5배 정도로 땅이 아주 넓습니다. 이곳을 보통은 방콕이라고 부르는데 혹시 방콕의 정식 명칭을 아세요?

여　아니요.

남1　원래 이름은 '끄룽텝 마하나콘'인데 보통은 '끄룽텝'으로 줄여서 부릅니다. '천사의 도시'라는 뜻이라네요.

여　천사의 도시요?

남1　네. 도시 이름이 천사의 도시인 만큼 여기 사람들은 대체로 친절하고 외국인들에게도 개방적인 편입니다. 또 관광 산업이 주요 산업이다 보니 외국인을 대하는 게 익숙하고 영어도 잘 통하는 편이고요.

남2　저, 그런데 여기 원래 이렇게 차가 많이 막혀요? 차가 거의 안 가네요.

남1　좀 그렇죠? 여기가 치안도 좋고 물가도 상대적으로 저렴해서 살기 좋은데 한 가지 아쉬운 게 바로 교통입니다. 도로는 좁은데 교통량이 많아서 교통 체증이 심한 편입니다.

남2　얼마나 더 가야 해요?

남1　거의 다 왔어요. 저 앞에서 내릴 거예요. 저기 보이는 곳이 방콕의 대표적인 명소인 왕궁, 그리고 그 옆으로 보이는 것이 가장 오래된 사원인 왓 포 사원입니다. 자세한 설명은 장소에 가서 하겠습니다.

10과　사회 변화

（101）생각해 봐요

앵커　8시 뉴스 기획 특집. 한국 사회의 현재와 미래를 알아보는 그 첫 번째 시간입니다. 오늘은 인구 변화에 대해 살펴보겠습니다.

（102）한 번 더 연습해요

두엔　외국인 유학생 수가 지속적으로 증가하고 있습니다. 조사에 따르면 지난해 외국인 유학생 수는 16만 명인 것으로 나타났습니다. 이는 10년 전에 비해 약 8만 명 늘어난 것입니다. 이러한 추세로 미루어 보면 앞으로도 외국인 유학생 수가 증가할 것으로 보입니다.

（103）이제 해 봐요

남　오늘은 사회 변화란 무엇인지, 왜 일어나는지에 대해 살펴봤습니다. 지금까지의 내용을 다시 정리해 보겠습니다. 새로운 물건이 발명되거나, 또는 새로운 사실이 발견될 때 사회 변화가 일어남을 알 수 있었고요. 이 변화의 속도가 갈수록 빨라지고 있다는 점도 말씀드렸습니다. 무엇보다 오늘 강의에서 가장 강조한 것은 '사회 변화의 흐름을 우리가 왜 알아야만 하는가'였죠. 변화의 추세를 알면 앞으로 생길 문제에 대비할 수도 있고, 이를 통해 우리 사회가 더 좋은 방향으로 나아갈 수 있다는 것, 기억하시기 바랍니다. 자, 그럼 이제 한국 사회가 어떻게 변화하고 있는지 그 구체적인 내용을 알아봐야겠지요? 한국 사회의 변화는 무엇으로 확인할 수 있을까요? 인구수의 변동, 소득 증가, 가족 구성의 변화? 네, 이런 항목들로 확인할 수 있는데요. 다음 시간에는 이 항목들의 변화를 잘 보여 주는 지표들에 대해 하나씩 살펴보도록 하겠습니다. 참고할 자료는 강의 자료실에 올려놓을 테니까 미리 읽어 보고 오도록 하세요.

발음

6과　비음화

（064）가　경력이 없는데 여기 지원해도 될까?

　　나　사람들이 그러는데 거긴 경력보다 학력을 더 중요하게 본다더라.

（065）1) 가　대학로에 어떻게 가야 돼요?

　　　나　학교 앞 정류장에서 273번 타시면 돼요.

　　2) 가　나 편의점 갈 건데 뭐 사다 줄까?

　　　나　그럼 컵라면하고 음료수 좀 사다 줄래?

　　3) 가　이 서류들은 목록에 쓰여 있는 대로 정리하면 됩니다.

　　　나　네, 알겠습니다.

　　4) 리더에게 가장 필요한 자질은 결단력이라고 생각합니다.

8 과 경음화

(004) 가 학교 앞에서 교통사고가 났다면서?

나 응. 어떤 차가 가다가 갑자기 멈추는 바람에 그랬대.

(085) 1) 운동을 중요하게 생각하는 사람들은 많았지만 실제로 운동을 하는 사람은 적었다.

2) 출퇴근 시간이 자유롭고 분위기가 좋은 직장에서 일하고 싶습니다.

3) 가 우린 몇 번째야? 들어가려면 아직도 한참 더 기다려야 할 것 같은데.

나 맛집인데 이 정도는 기다려야지.

4) 가 위염이 잘 낫지 않아요.

나 식습관이 불규칙해서 그런 것 같네요.

10 과 ㄴ 첨가

(104) 가 조사 결과 이혼율이 점차 감소하는 것으로 나타났습니다.

(105) 1) 가 두통약 사야 되는데 이 근처에 약국 있어?

나 저기 안암역 2번 출구 앞에 하나 있어.

2) 가 여기요, 깻잎 좀 더 주세요.

나 어! 웬일이야? 네가 깻잎을 다 먹고.

3) 가 거기 무슨 일 있어요?

나 문이 안 열려서요.

4) 가 휴대폰 요금이 왜 이렇게 많이 나왔지?

나 휴대폰으로 뭐 결제한 거 아니야?

어휘 찾아보기 (단원별)

6 과

직종

사무직, 기술직, 영업직, 판매직, 생산직, 서비스직, 정규직, 비정규직, 계약직, 임시직, 일용직, 프리랜서, 경력직

취업 준비

스펙을 높이다, 학점, 어학 성적, 대외 활동 경험, 자격증을 따다, 봉사 활동을 하다, 인턴십 과정에 참여하다

직장 선택 기준

보상, 연봉이 높다, 승진이 빠르다, 복지 제도가 잘 갖추어져 있다, 보수가 많다, 업무 환경, 조직 문화가 수평적이다, 근무 시간이 자유롭다, 안정성, 규모가 크다, 대기업, 중견 기업, 중소기업, 인지도가 높다, 정년이 보장되다, 성장 가능성, 다양한 경험을 쌓을 수 있다, 경력 개발에 도움이 되다

새 단어

버겁다, 방면, 멘토, 비결, 뒤처지다, 알람을 맞추다, 명작, 뷔페, 예체능, 여부, 잇다, 실적

7 과

건강한 습관

건강 검진을 받다, 스트레스를 풀다, 규칙적으로 운동을 하다, 바른 자세로 앉다, 충분한 수면을 취하다, 충분한 휴식을 취하다, 규칙적으로 식사를 하다, 골고루 먹다, 몸에 좋은 식품을 먹다, 건강 기능 식품을 챙겨 먹다, 스트레스를 받다, 운동 부족이다, 잘못된 자세로 앉다, 수면 부족이다, 과로하다, 식사 시간이 불규칙하다, 식사를 거르다, 폭식을 하다, 야식을 먹다, 과식하다, 편식하다, 자극적인 음식을 먹다, 인스턴트 음식을 먹다, 술을 마시다, 담배를 피우다

질병

위염, 장염, 암, 독감, 비염, 변비, 비만, 불면증, 우울증

신체 증상

하품, 딸꾹질, 재채기, 멀미, 어지럽다, 멍들다, 쥐가 나다, 코가 막히다, 얼굴이 붓다, 머리가 빠지다, 손이 떨리다

새 단어

두통, 일교차, 노년, 불성실하다, 능력을 발휘하다, 연령, 섭취하다, 마찬가지로, 무리하다

8 과

사고

차가 사람을 치다, 사람이 차에 치이다, 버스가 택시를 들이받다, 버스와 택시가 충돌하다, 불이 나다, 화재가 발생하다, 건물이 무너지다, 다리가 붕괴되다, 떨어지다, 추락하다, 가라앉다, 침몰하다, 사고가 나다, 사고를 내다, 사고를 당하다

사건

도난, 훔치다, 훔쳐 가다, 도둑맞다, 폭행, 때리다, 맞다, 사기, 사기를 치다, 사기를 당하다

사건 · 사고 결과

인명 피해, 부상을 입다, 부상을 당하다, 죽다, 숨지다, 사망하다, 실종되다, 대피하다, 빠져나오다, 구조되다, 재산 피해, 타다, 파손되다, 부서지다, 불이 꺼지다, 진화되다, 범인이 잡히다, 사고 현장이 정리되다, 도로가 통제되다, 열차 운행이 중단되다

- **재난 · 재해**

지진, 화산, 홍수, 가뭄, 폭우, 호우, 폭설, 대설, 폭염, 혹한, 한파, 강풍, 우박, 해일, 쓰나미, 전염병, 전쟁

- **새 단어**

세우다, 터널, 끼어들다, 담뱃불, 웃기다, 빗길, 미끄러지다, 계약을 하다, 무단 횡단, 신호 위반, 부주의

9 과

- **도시 기본 정보**

한반도의 중앙, 중부, 동쪽, 동부, 서쪽, 서부, 남쪽, 남부, 북쪽, 북부, 인구, 면적, 대도시, 중소 도시, 소도시, 수도, 주도, 성도, 최대, 정치의 중심지, 예술의 도시, 패션의 도시, 음악의 도시, 공업 도시, 산업 도시, 교육 도시, 관광 도시

- **도시의 특징**

산업이 발달하다, 소득 수준이 높다, 현대적이다, 역사가 오래되다, 문화유산이 잘 보존되다, 고풍스럽다, 기후가 온화하다, 자연 경관이 아름답다, 여유롭다, 국제 교류가 활발하다, 다양한 문화가 공존하다, 전통과 현대가 조화를 이루다, 개방적이다, 인구가 집중되다, 치안이 좋지 않다, 교통이 불편하다, 환경이 오염되다

- **상징물과 자연 경관**

상징물, 타워, 케이블카, 성, 궁궐, 고궁, 광장, 분수, 자연 경관, 산맥, 협곡, 평원, 초원, 빙하, 밀림, 사막, 기후, 열대, 아열대, 온대, 냉대, 한대

- **새 단어**

배, 알려지다, 종사자, 건축물, 도심, 한가운데, 산업 시설, 발전하다, 손꼽히다, 일자리, 서늘하다, 피서지, 보습, 협력하다, 상대적으로, 물가, 복장, 결정적으로, 행정 도시, 자리를 잡다, 정부 기관, 얼떨떨하다, 복합 공간

10 과

- **변화**

늘다, 늘어나다, 증가하다, 유지되다, 큰 변화가 없다, 줄다, 줄어들다, 감소하다, 오르다, 올라가다, 상승하다, 내리다, 내려가다, 떨어지다, 하락하다

- **변화 정도**

지속적으로, 급격하게, 큰 폭으로

- **사회 변화 지표**

인구, 출산, 출생, 사망, 수명, 가구, 혼인, 초혼, 이혼, 재혼, 미혼, 비혼, 1인 가구, 경제, 소득, 지출, 소비, 물가, 취업자 수, 국제결혼 건수, 영화 관람 횟수, 노인 비율, 출산율, 교육비 지출액, 판매량

- **단위 명사**

편, 판, 대, 채, 장, 줄, 봉지, 한입만

- **새 단어**

가량, 고령, 평균, 출시하다, 미니, 포도주, 중고, 중단하다, 회복, 전념하다, 맞벌이 부부, 주유소, 영향, 추세, 소형, 전망, 미루어 보다, 반려동물, 통계

어휘 찾아보기 (가나다순)

ㅎ

문법 찾아보기

-도록

- 앞의 내용이 뒤의 내용의 목적이 됨을 나타낸다.

  가 새해 계획은 세웠어요?

  나 올해는 원하는 회사에 취직할 수 있도록 최선을 다할 생각입니다.

  가 여러분, 늦게 오는 사람도 앉도록 앞쪽부터 자리를 채워 주세요.

  나 네, 알겠습니다.

동사	받침 ○	-도록	닫다 → 닫도록 있다 → 있도록
	받침 × ㄹ받침		주다 → 주도록 살다 → 살도록

- '-도록'은 '-(으)려고'와 의미가 같다. '-(으)려고'는 앞과 뒤의 주어가 같아야 하지만 '-도록'은 앞과 뒤의 주어가 달라도 된다. '-도록'은 '-(으)려고'에 비해 문어적이고 격식적인 느낌이 강하다.

  나는 유학을 가려고 돈을 모으고 있다.

  나는 아들이 유학 생활을 편안하게 할 수 있도록 용돈을 넉넉하게 보내 주고 있다.

-는/(으)ㄴ/(으)ㄹ 만큼

- 앞의 내용과 비슷한 정도나 수량임을 나타낸다.

  가 선생님, 잠도 잘 수 없을 만큼 숙제가 많아요. 조금만 줄여 주세요.

  나 저는 여러분이 할 수 있는 만큼만 낸 건데요. 우리 반 학생들은 모두 훌륭하니까 금방 할 수 있을 거예요.

  가 민수 얘는 어떻게 만날 때마다 이렇게 늦지? 나는 기다릴 만큼 기다렸으니까 이제 갈래.

  나 나는 지금까지 기다린 게 아까우니까 올 때까지 기다릴래.

동사	받침 ○	-는 만큼	잡다 → 잡는 만큼
	받침 × ㄹ받침		되다 → 되는 만큼 살다 → 사는 만큼
형용사	받침 ○	-은 만큼	좋다 → 좋은 만큼
	받침 × ㄹ받침	-ㄴ 만큼	크다 → 큰 만큼 멀다 → 먼 만큼
명사	받침 ○	인 만큼	공무원
	받침 ×		→ 공무원인 만큼

- 과거 표현은 동사 뒤에는 '-(으)ㄴ 만큼'을 붙이고 형용사 뒤에는 '-았던/었던/였던 만큼'을 붙인다.

-더니

- 앞의 사실이 원인이나 조건이 되어서 뒤의 사실이나 상태가 되었음을 나타낸다.

  가 용재 씨가 최연소 팀장으로 승진했대요.

  나 그렇게 밤낮없이 일하더니 초고속 승진을 하게 되는 군요.

  가 아침부터 계속 흐리더니 눈이 내리기 시작했어요.

  나 그래요? 길이 막히기 전에 일찍 가야겠네요.

-더니

● 이전에 경험하거나 알았던 사실이나 상황과는 다른 새로운 사실이나 상황이 있음을 나타낸다.

가 아침에는 그렇게 덥더니 갑자기 폭우가 내리네요.
나 요즘 날씨는 정말 알다가도 모르겠어요.

가 떡볶이 매워서 싫다고 하더니 요즘은 자주 먹네.
나 한두 번 먹다 보니 스트레스도 풀리고 기분도 좋아지더라고.

-아야/어야/여야

● 앞의 내용이 뒤의 내용의 필수적인 조건임을 나타낸다.

가 너무 무리하지 말고 자라. 건강해야 공부도 하는 거야.
나 이것만 끝내고 잘게요. 저 걱정하지 마시고 얼른 주무세요.

가 시험도 끝났으니까 우리 이번 주말에 홍대 갈래?
나 나는 결과 발표 날 때까지 아무것도 안 할 거야. 마음의 여유가 있어야 놀러도 가는 거지.

-다시피

● '-다시피'는 '-는 것과 같이'라는 의미를 나타낸다. 주로 '보다', '알다', '말하다', '듣다' 등의 동사와 결합하여 사용한다. 뉴스, 발표 등의 공식적이고 격식적인 발화에서 자주 사용한다.

아까도 말씀드렸다시피 원인이 상당히 복잡합니다.

8과

-는 바람에

● 앞의 내용이 뒤에 오는 부정적인 상황의 원인이나 이유가 됨을 나타낸다. 그리고 앞의 내용이 예상하지 않은 일이나 갑자기 생긴 일임을 나타낸다.

가 교통사고가 나는 바람에 오늘 회사에 한 시간이나 늦었어요.
나 어디 다친 데는 없어요?

가 왔어요? 그런데 왜 이렇게 전화를 안 받았어요?
나 급하게 나오는 바람에 전화기를 집에 두고 나왔거든요.

(으)로 인해(서), (으)로 인한

● 앞의 내용이 원인임을 나타낸다. 격식적인 상황이나 문어에서 주로 사용한다. '인해(서)'나 '인한'을 빼고 '(으)로'만 쓰기도 한다.

가 사고로 인한 인명 피해는 어느 정도나 됩니까?
나 휴일이어서 다행히 인명 피해는 발생하지 않았습니다.

가 이번 사고로 인해서 고속도로 정체가 아주 심했다고요?
나 네, 사고 발생 5시간이 지난 지금도 가다 서다를 반복하고 있습니다.

만에, 만이다

● 시간을 나타내는 말 뒤에 붙어 '앞말이 가리키는 동안'을 나타낸다. 동사 앞에는 '만에'를 사용하고 문장 끝에는 '만이다'를 사용한다.

가 김 기자, 화재 사고 소식 전해 주시죠.
나 화재 발생 10분 만에 불은 꺼졌지만 건물은 모두 불에 탔습니다.

가 어머, 이게 얼마 만이에요?
나 거의 일 년 만이지요? 정말 반가워요.

9과

(으)로(서)

● 지위나 신분 또는 자격을 나타낸다.

가 상하이는 어떤 도시입니까?

나 상하이는 중국 경제의 중심지로서 세계적인 기업들이 많이 자리 잡고 있습니다.

가 그 사람 어때?

나 친구로서는 최고였는데, 애인으로서는 좀 별로야.

-(으)ㄹ 뿐만 아니라

- 앞의 내용에 뒤의 내용이 더해짐을 나타낸다.

가 서울의 매력이 무엇이라고 생각하세요?

나 현대적일 뿐만 아니라 전통적인 건물도 공존하고 있다는 거요.

가 이 소설은 표현이 아주 쉬울 뿐만 아니라 내용도 재미있어서 외국인 학생이 읽기에 좋을 거예요.

나 추천해 주셔서 감사합니다.

-아/어/여 오다

- 어떤 행위나 상태가 말하는 시점까지 지속되거나 진행되었음을 나타낸다.

가 오늘 서울 구경 어땠어요?

나 이렇게 현대적인 도시에서 경복궁 같은 문화유산도 잘 보존해 왔다는 것이 정말 대단하게 느껴졌어요.

가 선배님, 졸업을 축하드립니다. 선배님들의 노력으로 우리 동아리가 이렇게 발전해 왔다고 생각해요.

나 이렇게 선후배 간의 교류가 활발해진 건 모두 우리 후배들이 노력해 온 덕분이지요.

-아/어/여 가다

- 어떤 행위나 상태가 말하는 시점 이후로도 계속 지속되거나 진행됨을 나타낸다.

가 기후 변화로 인해 많은 동물들이 사라져 가고 있습니다.

나 이제부터라도 환경 보호를 실천해 간다면 좀 나아지지 않을까요?

가 책 다 읽어 가? 다 읽으면 꼭 나 빌려줘야 돼.

나 조금만 기다려. 한 시간 내로 다 읽을 수 있어.

---

10 과

-(으)ㄹ수록

- 앞 내용에 따라 뒤의 내용도 그 정도가 더해지거나 덜해짐을 나타낸다.

가 혼인 건수가 많아질수록 출생자 수도 많아졌습니까?

나 조사 결과 반드시 그런 것은 아니었습니다.

가 정말 돈이 많으면 많을수록 행복할까요?

나 저는 돈이 많을수록 걱정도 많아질 것 같은데요.

문어적 격식 표현

- 글을 쓰거나 뉴스나 발표 등에서 공식성을 강조하거나 격식을 갖추려고 할 때 연결 어미 '-고', '-지만', '-아서/어서/여서', '-(으)면서', '-(으)니까' 등을 문어적 격식 표현인 '-(으)며', '-(으)나', '-아/어/여', '-(으)며', '-(으)니' 등으로 바꾸어 말하기도 한다.

20대는 근무 환경을 가장 중요하게 생각하지만 30대는 보수를 가장 중요하게 생각한다고 하더라.

→ 20대는 근무 환경을 가장 중요하게 생각하나 30대는 보수를 가장 중요하게 생각한다고 합니다.

작년 한 해 동안 무단 횡단을 해서 사망한 사람이 560여 명이나 된대요.

→ 작년 한 해 동안 무단 횡단을 해 사망한 사람이 560여 명이나 된다고 합니다.

건강한 노년을 보내려면 사람들과 어울려 지내면서 교류를 많이 해야 한다고 한다.

→ 건강한 노년을 보내려면 사람들과 어울려 지내며 교류를 많이 해야 한다고 한다.

그 사람은 성실하고 예의가 바른 사람이에요.

→ 그는 성실하고 예의가 바른 사람이다.

고려대
한국어

4B

초판 발행	2021년 6월 10일
초판 2쇄	2023년 3월 20일
지은이	고려대학교 한국어센터
펴낸곳	고려대학교출판문화원
	www.kupress.com
	kupress@korea.ac.kr
	02841 서울특별시 성북구 안암로 145
	Tel 02-3290-4230, 4232
	Fax 02-923-6311
유통	한글파크
	www.sisabooks.com/hangeul
	book_korean@sisadream.com
	03017 서울시 종로구 자하문로 300 시사빌딩
	Tel 1588-1582
	Fax 0502-989-9592
일러스트	황인옥, 황주리
편집디자인	한글파크
찍은곳	동방인쇄공사
ISBN	979-11-90205-00-9 (세트)
	979-11-91161-13-7 04710

값 17,000원